# CENTURY 21

## SEVENTH EDITION

# Spanish Language Supplement


**Jack P. Hoggatt, Ed.D.**
Professor of Business Communication
University of Wisconsin
Eau Claire (WI)

**Jon A. Shank, Ed.D.**
Professor of Education
Robert Morris College
Moon Township (PA)


Translations by
**Victory Productions, Inc.**

**SOUTH-WESTERN**

™

**THOMSON LEARNING**

Australia • Canada • Mexico • Singapore • Spain • United Kingdom • United States

# Contenido

# Introducción

Bienvenido al *Century 21, 7th Edition Spanish Language Supplement*. Este libro le ayudará a medida que usted aprende a teclear en inglés con el texto *Century 21*. Úselo con:

• *Century 21 Computer Applications & Keyboarding, 7E*

• *Century 21 Computer Keyboarding, 7E*

Este *Spanish Language Supplement* le ayudará a entender las instrucciones del texto cuando esté aprendiendo a teclear. En las lecciones posteriores, cuando esté aprendiendo a formatear documentos adecuadamente, use las traducciones de las guías de formatos del texto.

Usted encontrará otro material útil en este *Spanish Language Supplement*. Los temas incluyen computadoras, Internet y procesamiento de palabras. Algunos artículos fueron traducidos del texto *Century 21*. Otros se tomaron del texto *Digitación para el dominio de la computadora*, copyright 2001, de South-Western. Esperamos que disfrute aprendiendo a teclear con el *Century 21, 7th Edition Spanish Language Supplement*.

## SOBRE LOS AUTORES

El **Dr. Jon A. Shank** es profesor de Enseñanza en el Robert Morris College de Moon Township, Pensilvania. Se desempeñó por más de veinte años como decano de la Escuela de Ciencias Aplicadas y Enseñanza de Robert Morris. El Dr. Shank dejó su cargo de decano en 1998 para volver a dedicarse a la docencia. Actualmente dicta cursos de metodología para estudiantes que desean llegar a ser maestros(as) de negocios. El Dr. Shank es miembro de organizaciones educativas de comercio regionales, estatales y nacionales. Ha recibido muchos honores durante su carrera, incluso el reconocimiento como docente sobresaliente en posgrados de comercio en Pensilvania.

El **Dr. Jack P. Hoggatt** preside el Departamento de Comunicaciones de Negocios de la Universidad de Wisconsin-Eau Claire. Ha dictado cursos de Escritura Comercial, de Comunicaciones de Negocios Avanzadas y del componente de comunicación para el programa de Maestrías en Administración de Empresas (MBA) de la universidad. El Dr. Hoggatt ha ocupado cargos en diversas organizaciones profesionales, entre ellas la Asociación de Docentes de Negocios de Wisconsin. Se ha desempeñado como asesor de organizaciones comerciales locales y estatales. El Dr. Hoggatt se preocupa por su comunidad y por las actividades escolares de sus cuatro hijos.

# Introduction

Welcome to the *Century 21, 7th Edition Spanish Language Supplement*. This book will help you as you learn to key in English from your *Century 21* text. Use it with:

• *Century 21 Computer Applications & Keyboarding, 7E*

• *Century 21 Computer Keyboarding, 7E*

This *Spanish Language Supplement* will help you to understand the text instructions when you are learning to key. In later lessons, when you are learning to format documents properly, use the Spanish translations of document Format Guides from your text.

You will find other helpful material in this *Spanish Language Supplement*. Topics include computers, the Internet, and word processing. Some of the articles have been translated from your *Century 21* text. Others are taken from South-Western's text *Digitacion para el dominio de la computadora*, copyright 2001. We hope that you will enjoy learning to key with *Century 21, 7th Edition* and the *Spanish Language Supplement*.

## ABOUT THE AUTHORS

**Dr. Jon A. Shank** is a Professor of Education at Robert Morris College in Moon Township, Pennsylvania. For more than 20 years, he served as Dean of the School of Applied Sciences and Education at Robert Morris. Dr. Shank retired as Dean in 1998 to return to full-time teaching. He currently teaches methods courses to students who are studying to become business education teachers. Dr. Shank holds memberships in regional, state, and national business education organizations. He has received many honors during his career, including Outstanding Post-Secondary Business Educator in Pennsylvania.

**Dr. Jack P. Hoggatt** is Department Chair for the Department of Business Communications at the University of Wisconsin-Eau Claire. He has taught courses in Business Writing, Advanced Business Communications, and the communication component of the university's Masters in Business Administration (MBA) program. Dr. Hoggatt has held offices in several professional organizations, including the Wisconsin Business Education Association. He has served as an advisor to local and state business organizations. Dr. Hoggatt is involved with his community and the school activities of his four children.

# Introducción a Internet

Internet está cambiando las formas de comunicación y aprendizaje. El número de personas que la usan crece día a día. Si usted no es aún uno de los millones de conductores que circulan por la superautopista de la información (Internet), esta introducción lo ayudará a ponerse al volante. Y si aprende a dominar el teclado de su computadora, podrá conducir a toda velocidad.

El poder de Internet está muy relacionado con el máximo aprovechamiento del teclado de una computadora. Para crear y enviar mensajes y archivos adjuntos por correo electrónico, se usa el teclado. Para recorrer Internet en busca de algo específico, se escriben en el teclado palabras y oraciones que definan la búsqueda. Si alguien dice: "Visite www punto… en la red", usted tendrá que digitar **www.** y todos los otros caracteres de la dirección.

Cuanto más habilidad tenga, menos tendrá que pensar en las teclas que tiene que pulsar y más podrá concentrarse en Internet y sus contenidos. Aprenda a usar el teclado al tacto (sin mirarlo). Siga mejorando su técnica. Ése es el secreto para una digitación rápida y precisa.

### ¿Qué es Internet?

Conexiones.  Si usted usa Internet, tiene conexiones. Internet es una red de redes de computadoras. Son millones de computadoras en todo el mundo enlazadas entre sí electrónicamente. Estos enlaces permiten que ciertos tipos de información almacenada en cualquiera de esas computadoras estén a disposición de todas las demás.

Para describir la cantidad de información disponible en Internet solemos usar palabras como *enorme, inmensa, formidable* y *amplísima*. Se preguntará usted qué clase de información hay. La respuesta es: de toda clase. Cualquier tema que se le ocurra estará, sin duda, en Internet. Y como Internet tiene millones de usuarios por todo el mundo y toneladas de información a su disposición, sirve a un número incalculable de propósitos. Veamos apenas algunas de las cosas que usted puede hacer en Internet:

- tomar un curso en línea
- comprar ropa
- promocionar su pequeña empresa
- buscar empleo
- enterarse de las noticias de último momento
- discutir un proyecto con un experto
- enviar sus antecedentes a un posible empleador
- enviar una tarjeta de cumpleaños con música
- investigar su árbol genealógico (la historia de su familia)
- enviar rosas virtuales o encargar flores reales
- descargar un poema (transferirlo a su computadora)
- buscar lugares interesantes para sus vacaciones

### ¿Cómo funciona?

¿Es usar Internet igual que buscar temas en una biblioteca inmensa? No exactamente igual. En la red la información está desorganizada y es dinámica (cambia constantemente). Usar Internet es entretenido porque uno nunca sabe qué va a encontrar. Al mismo tiempo, siempre es conveniente mantener un registro de los lugares que uno visita en Internet, si se quiere volver a visitarlos.

Internet se creó para pasar información de un punto A (una computadora que envía información) a un punto B (una computadora que la recibe). Funciona como una oficina de correos: la información se guarda en un "sobre" de Internet y la computadora que envía el mensaje le escribe una dirección. Otra computadora lee esa dirección y pasa la información a la computadora siguiente, y así sucesivamente. La información que va a muchas direcciones diferentes puede viajar por un mismo camino de la red porque a lo largo de ese camino hay computadoras especiales que clasifican los "sobres" una y otra vez (como las cartas en el correo). Finalmente la información (ya sea mensaje o datos) termina en la computadora a que estaba dirigida.

### ¿Qué tienen que ver los "puntos"?

La clave es la dirección. Aunque muchas personas, empresas, gobiernos y escuelas usan Internet, no hay dos usuarios que tengan la misma dirección. Las siguientes son  direcciones típicas de usuarios de Internet:

alicet@acsworld.net            rsims@posey.com

cord@uc1.acs.edu               nickey@ecs.co.uk

El nombre del usuario está a la izquierda del signo @. A la derecha, los puntos separan las direcciones en distintos niveles, llamados *dominios*. En Estados Unidos, el último dominio indica el tipo de organización (**.com** = comercial, **.edu** = educación, **.gov** = gobierno, **.mil** = fuerzas armadas, **.net** = red, **.org** = organización sin fines de lucro) o el país en el que se encuentra (por ejemplo, **au** = Australia; **ca** = Canadá, **ch** = Suiza, **mx** = México, **uk** = Reino Unido). Todo lo que está a la derecha del signo @ sirve para identificar el dominio del usuario y poder mandarle información. Muchas direcciones de Internet tienen más puntos —es decir, más dominios— que los de estos ejemplos.

### ¿Qué es el correo electrónico (e-mail)?

El correo electrónico fue el primer uso de Internet y sigue siendo el más popular de todos. Incluye el envío de mensajes en forma de texto de una computadora a otra, a través de una red. La gran ventaja del correo electrónico es su velocidad. Por correo normal una carta tarda entre 3 y 5 días en llegar de una costa del país a la otra; hasta el correo "urgente" demora entre 18 y 24 horas. En cambio, el correo electrónico enviado a las 3:45 puede llegar al otro lado del país o al otro lado del mundo a las 3:46. Por lo común, llega en menos de cinco minutos.

Aparte de usar el correo electrónico para mandar mensajes personales, uno puede utilizarlo para incorporarse a listas de discusión o de anuncios y suscribirse a periódicos y revistas electrónicos.

Las listas de discusión (y otros servicios parecidos, como los grupos de noticias, las salas de charla y los foros) se concentran en un tema. Todos los que se suscriben a una lista están interesados en ese tema. Por ejemplo, la lista de discusión VWAR-L está integrada por 125 veteranos de la guerra de Vietnam. Cuando un miembro de la lista envía un mensaje, todos los demás lo reciben y pueden responderle. En las listas de anuncios, en cambio, uno recibe mensajes pero no puede contestarlos. Por ejemplo, quizá quiera usted suscribirse a la lista de anuncios "Posibilidades de empleo de Monster Board".

Casi todos los periódicos y revistas electrónicos contienen sólo texto. No tienen diseños atractivos ni gráficos deslumbrantes. El bajo costo de las publicaciones electrónicas permite que la información se difunda con mayor rapidez y frecuencia que mediante publicaciones impresas.

### ¿Es la World Wide Web lo mismo que Internet?

La *World Wide Web* (la Web) es el sistema principal para navegar (o ir de un lugar a otro) en Internet. Permite que gráficos, sonidos e imágenes de video viajen por la red junto con el texto. Unos programas especiales, llamados navegadores, le permiten oír y verlo todo, y hacer clic sobre enlaces que llevan de inmediato a información relacionada que hay en otros sitios. Así, para viajar por toda la red basta con señalar y hacer clic.

En la actualidad los navegadores más comunes son Microsoft Internet Explorer y Netscape. Los enlaces en que hace clic se llaman **hipervínculos** o **hipertextos** (palabras o frases subrayadas o escritas de un color diferente del que tiene el resto del texto). Un navegador se abre en una *página inicial* que no suele contener información, sino docenas de hipervínculos para saltar a otros sitios, informativos o de diversión.

### ¿Cómo se navega?

Los lugares a que se navega se llaman sitios o páginas Web.(Los dos nombres significan lo mismo.) Cuando usted hace clic en un hipervínculo, puede saltar, sin saberlo, de un sitio de Indiana a otro de Indonesia. Unos clics más y quizá llegue a una página de Irlanda. Cuando encuentra una página que le gusta, puede incorporarla a su navegador y volver a ella más adelante para ver actualizaciones de la información.

Los hipervínculos no son la única forma de navegar por Internet. Cada sitio de la red tiene una dirección específica, llamada URL (en inglés, Universal Resource Locator). Cualquier usuario puede ir a un sitio escribiendo su URL (que tambíén se suele denominar "localizador") en la ventana de direcciones del navegador. Al igual que el correro electrónico, los URL también tienen dominios. Un ejemplo de URL sería: **http://www.bluemountain.com/index.html.** Este URL señala la computadora WWW de una empresa llamada *Blue Mountain* del dominio *comercial*. El http (Hyper-Text Transfer Protocol) es el lenguaje de computación que se utiliza para entrar en esa computadora. El html (HyperText Markup Language) es el lenguaje de programación que se usa para crear todas las páginas Web. (Algunos procesadores de textos tienen dispositivos que permiten a los usuarios crear sus propias páginas Web sin saber nada del lenguaje HTML.) El navegador mantiene una lista de los URL usados recientemente. Para regresar a un sitio en otra oportunidad, el usuario va a esa lista, hace clic en el URL del sitio, y no necesita volver a escribir la dirección completa.

Otra manera de navegar por la Web consiste en usar la *página de búsqueda* del navegador, a la que se recurre cuando se busca información sobre cierto tema sin tener un URL específico. En esa página la búsqueda se define escribiendo *palabras clave* (los temas y subtemas que se desea investigar) y se elige un *motor de búsqueda*, que es una herramienta que busca en muchas páginas Web las palabras que uno escribió y luego muestra los resultados. Algunos de los motores de búsqueda más comunes son Alta Vista, InfoSeek, Lycos y Web Crawler, pero también hay otros.

Ya sea que vaya a un sitio de información o de entretenimiento, haciendo clic en un hipervínculo, escribiendo su URL o usando palabras clave, siempre es conveniente llevar un registro de los lugares visitados para poder volver rápidamente a ellos en el futuro. Los navegadores le permiten hacer esto con facilidad: en Internet Explorer sólo hay que agregar el sitio a una lista de Favoritos; en Netscape, se le coloca un Marcador. Lo único que hay que hacer es capturar la dirección del sitio (su URL) y escribirle un nombre. Para volver luego, bastará con hacer clic sobre ese nombre.

Internet sigue cambiando nuestra vida, desde cómo ir a la universidad hasta cómo mantenernos en contacto con nuestros primos. Un día cualquiera, usted puede dar la vuelta al mundo escribiendo los URL de sitios de Boise, Bogotá y Bangkok, y luego entrar mediante hipervínculos a Bydogoszcz, Bulawayo y Berlín… todo antes del almuerzo. Más tarde puede pedirle sugerencias a un consejero vocacional mediante preguntas cuidadosamente formuladas a una lista de discusión, y luego enviar las últimas novedades de la familia a algunos viejos amigos de la escuela. Como operador de un teclado con conexión a Internet, usted tiene el mundo entero en sus manos.

# Conceptos sobre computadoras

La **computadora** es una máquina que procesa datos y realiza tareas de acuerdo con un conjunto de instrucciones. Para hacer algo, a las computadoras se les debe dar instrucciones específicas que seguir. Estas instrucciones las reciben de los programas. Un **programa**, como el que se usa para el procesamiento de textos, es un conjunto de instrucciones paso a paso para la computadora que escriben los programadores en un lenguaje de programación como BASIC, Pascal o C.

Las computadoras también reciben instrucciones de usted, el usuario. Cuando usa el mouse (más adelante hay información sobre esta herramienta) o el teclado, le está dando, o *entrando*, instrucciones a su computadora. Ésta es la razón por la que a veces se hace referencia al mouse o al teclado como **dispositivos de entrada**.

El **soporte físico** es el equipo de la computadora. Lleva a cabo las instrucciones de los programas. El soporte físico incluye la unidad de procesamiento central (CPU, *central processing unit*) así como el monitor, el teclado, el mouse, la impresora y otros periféricos. Periférico es el nombre que se le da a un soporte físico que trabaja con la CPU.

## USAR LA COMPUTADORA CON CUIDADO

Siga estas pautas para usar su computadora con cuidado:

1. Mantenga libres las entradas de aire para evitar que la computadora se recaliente.

2. Mantenga lejos de su computadora alimentos y líquidos. Si algo se derrama, apague la computadora y avise a su instructor inmediatamente.

3. No exponga los discos a calor, frío o humedad excesiva, o a imanes, dispositivos de rayos o a la luz del sol directa.

4. Para escribir las etiquetas de los discos use un marcador con punta de fieltro, no un bolígrafo ni un lápiz.

5. No saque el disco de una unidad cuando esté encendida la luz de funcionamiento.

## ENCENDER LA COMPUTADORA

Siga estos pasos para encender su computadora.

1. Retire cualquier disco de 3.5" de la unidad de disco.

2. Conecte la electricidad. Puede ser que necesite mover un interruptor o presionar un botón de la CPU, o un botón o una tecla del teclado. También tendrá que encender el monitor por separado.

Su computadora puede tardar unos instantes para arrancar. La computadora ejecutará una serie de pasos automáticos que cargarán el **sistema operativo**. El sistema operativo —Windows® 98, por ejemplo— es el programa que maneja los otros programas de la computadora. Preparará la computadora para recibir sus instrucciones y para correr los programas.

## DESPLAZARSE POR EL ESCRITORIO

La pantalla del monitor es su **escritorio**. Así como el escritorio al que usted está sentado(a), el escritorio de la computadora es su principal zona de trabajo. Es posible que contenga íconos (símbolos) para los programas y documentos, algunos parecidos a carpetas de archivos que contienen programas y documentos. Probablemente tenga una barra de tareas o barra de menúes en la parte superior o en la inferior de la pantalla (más adelante hay información sobre esto). Desde aquí usted puede iniciar programas, buscar archivos, obtener información sobre su computadora y apagarla cuando haya terminado.

El **mouse** es una herramienta para desplazarse por el escritorio. Las mismas acciones del mouse se usan con cualquier programa, pero los resultados pueden variar según el programa y la versión. Aquí figuran las formas básicas de usar un mouse:

- **Señalar.** Mueva el mouse (hágalo rodar sobre la superficie de trabajo) de manera que el puntero (la flecha que representa la posición del mouse en la pantalla) señale un ítem.

- **Clic.** Presione una vez y suelte el botón izquierdo del mouse.

- **Doble clic.** Presione y suelte rápidamente el botón izquierdo del mouse dos veces.

- **Arrastre.** Mantenga presionado el botón izquierdo del mouse y mueva el puntero a otro lugar.

## ¿QUÉ ES UN PROGRAMA DE APLICACIÓN?

Probablemente haya oído los términos *aplicación, soporte lógico de aplicación* y *programa de aplicación*. Los tres significan lo mismo. El **programa de aplicación** es el programa informático diseñado para realizar una tarea específica directamente para el usuario o para otra aplicación. Algunos tipos comunes de programas de aplicación son los procesadores de textos, las hojas de cálculos, las bases de datos, los programas para presentaciones y para Internet.

## INICIAR LOS PROGRAMAS

La computadora le brinda diferentes maneras de iniciar los programas según el sistema operativo y la versión. Dos de esas maneras son:

- Si tiene el sistema operativo Microsoft® Windows® haga clic sobre el botón *Inicio (Start)* de la barra de tareas, señale *Programas (Programs)* y haga clic en el

nombre del programa que quiere abrir. El programa
puede estar dentro de una carpeta. Si es así, para
acceder al programa abra la carpeta (señalándola).

- Con el sistema operativo Microsoft® Windows® y las
  computadoras Macintosh®, haga doble click sobre el
  ícono del programa en el escritorio. El programa
  puede estar dentro de una carpeta. Si es así, para
  acceder al programa abra la carpeta (haciendo doble
  clic sobre ella).

El programa de aplicación se muestra en una **ventana** en
el monitor. Las características de todas las ventanas son
iguales. En la parte superior se encuentra la **barra de título**.
La barra de título muestra el nombre del archivo
con el que está trabajando y, en algunos programas, el
nombre del programa (como *Microsoft® Word*). Si todavía
no ha guardado el documento con un nombre de archivo,
la barra de título dirá algo como *Documento (Document)*
o *sin modificar (unmodified)* junto con el nombre
del programa. Debajo de la barra de título puede ver
la barra de menúes y una o más barras de herramientas
o barras de botones. Estas barras le permiten elegir los
comandos de su programa. En la siguiente sección hablaremos
más sobre ellos.

La barra de título contiene cuadros que le permiten cambiar
el tamaño de la ventana y cerrarla. En la parte inferior
y en el lado derecho de la pantalla se encuentran las
**barras de desplazamiento**. Puede hacer clic sobre estas
barras o arrastrarlas con el mouse para navegar
(desplazarse) por el documento. Para saber más sobre
cómo cambiar de tamaño y navegar por la ventana, vaya
a la guía para Windows® de las páginas R37 a R39.

## ELEGIR COMANDOS

La mayoría de los programas le brindan varias maneras
de elegir los comandos. A medida que trabaje con un
programa, encontrará las formas más fáciles para usted.

**Menúes.** La **barra de menúes** puede aparecer en la parte
superior de la ventana de su aplicación, justo por debajo
de la barra de título. Como el menú de un restaurante,
la barra de menúes le ofrece una selección. Desde la
barra de menúes puede abrir un documento, controlar
su ortografía, etcétera. Para abrir un menú y ver sus opciones,
haga clic en el nombre del menú de la barra de
menúes. Por ejemplo, para abrir el menú Archivo *(File)*,
haga clic en Archivo *(File)*. En algunos programas, para
mantener desplegado el menú tiene que sujetar el botón
del mouse. Para elegir un comando haga clic en él (Windows®)
o arrástrelo (Macintosh®). En algunos programas
puede abrir también los menúes presionando ALT
más la letra subrayada en el nombre del menú. Por
ejemplo ALT + A (ALT + F si el programa está en inglés)
abre el menú Archivo *(File)*. Los nombres de los menúes
varían un poco pero en su mayoría son los mismos en
todos los programas de aplicación.

*Barras de herramientas.* Las **barras de herramientas** le
permiten elegir comandos rápida y fácilmente. La mayoría
de las aplicaciones tienen barras de herramientas.
Tienen nombres diferentes, como *barras de botones*, en
los distintos programas, pero todas las barras de herramientas
son similares. Consisten de íconos o botones
que representan los comandos; algunos de eso mismos
comandos se encuentran en los menúes. La barra de herramientas
estándar contiene íconos para los comandos
básicos y de uso frecuente, como guardar o imprimir.
Las barras de herramientas también existen para determinadas
tareas, como dar formato a un texto o crear
tablas. En la mayoría de los programas, al señalar un
ícono de la barra de herramientas se muestra el nombre
del comando. Al hacer clic sobre el ícono se ejecuta el
comando.

*Métodos abreviados de teclado.* Cada aplicación tiene
su propio conjunto de **métodos abreviados de teclado**
para abrir los menúes y ejecutar comandos. Por lo general
los métodos abreviados de teclado se realizan apretando
una tecla de función (por ejemplo, F1, F2, F3) o
apretando las teclas ALT, CTRL, o COMMAND más alguna
otra tecla. Por ejemplo, para abrir un archivo con
*Microsoft® Word 2000* para computadoras personales,
puede teclear CTRL + O. Estos métodos abreviados se
muestran con frecuencia en los menúes y se pueden
encontrar en la función Ayuda *(Help)* del programa.

Las siguientes secciones le dirán cómo usar los menúes
y las barras de herramientas para iniciar, guardar,
imprimir, cerrar y abrir documentos. Los nombres de los
menúes, comandos e íconos de su programa pueden
tener alguna diferencia con los que se usan aquí.

## EMPEZAR UN DOCUMENTO NUEVO

En muchas aplicaciones al empezar el programa empieza
automáticamente un documento nuevo. Usted puede
empezar simplemente a trabajar sobre la pantalla blanca
que se muestra una vez que se ha cargado el programa.
Si su programa no muestra una pantalla blanca al
empezar, si quiere empezar un documento nuevo más
adelante en su sesión de trabajo, o si quiere empezar un
documento nuevo junto con otro documento que ya está
en la pantalla, siga uno de los pasos siguientes:

- Elija el comando *Nuevo (New)* del menú Archivo
  *(File)*.

- Haga clic sobre el ícono *Nuevo (New)*, normalmente
  el primer ícono a la izquierda de la barra de herramientas
  estándar.

- Use el método abreviado de teclado para el comando
  *Nuevo (New)*.

Se mostrará una ventana de documento nuevo. En
algunos programas, puede ver primero un **cuadro de
diálogo** que le brinda opciones de organización para su
documento. Para aprender más sobre los cuadros de

diálogo, vaya a la guía para Windows® de las páginas R37 a R39. Al presionar ENTER O RETURN o haciendo clic en *Nuevo (New)* o *Aceptar (OK)* lo llevará del cuadro de diálogo a una ventana de documento en blanco.

## ESCRIBIR EL TEXTO

Escribir el texto en un documento nuevo del procesador de textos es fácil. Simplemente empiece a escribir. El texto empieza a la izquierda del **punto de inserción** (la línea que titila). En las páginas especiales de Procesamiento de textos de este libro, usará muchas funciones de su programa de procesamiento de textos.

## USAR LA AYUDA

Si mientras trabaja con el programa necesita ayuda bajo la forma de información sobre cómo hacer algo, puede obtenerla por medio del menú Ayuda *(Help)* del programa o del ícono Ayuda *(Help)* de la barra de herramientas. Las opciones de ayuda varían pero por lo general incluyen una tabla de contenidos y un índice de búsqueda. Si usted ingresa el tema o una palabra clave, el programa puede buscar la información.

## GUARDAR UN DOCUMENTO

Guardar un documento coloca una copia de éste en un disco de una de las unidades de disco de la computadora. Ésta puede ser el disco duro (interno) de la computadora o alguna clase de medio, como un disco de 3.5" o un disco Zip. Cuando se apague la computadora esta copia no se borrará. Es permanente, hasta que la borre o la modifique.

Guarde cualquier documento que crea que va a necesitar más adelante. Puede guardar un documento cada vez que el documento esté en la pantalla, justo después de iniciarlo, mientras está trabajando en él o cuando lo haya terminado. Guarde con frecuencia a medida que trabaja sobre un documento, de esa manera no perderá los cambios en el caso de corte de energía u otro problema. Para guardar un documento siga estos pasos:

1. Elija el comando *Guardar (Save)* del menú Archivo *(File)*, haga clic sobre el ícono *Guardar (Save)* de la barra de herramientas estándar, o use el método abreviado de teclado para el comando Guardar (Save).

2. Si no guardó el documento antes, el programa le mostrará el cuadro de diálogo Guardar como *(Save as)*. En este cuadro de diálogo, mire la casilla *Guardar en, Carpeta _____ (Save in, _____ Folder)*, o algo parecido. Si no se muestra la unidad o la carpeta donde quiere guardar el archivo, haga clic en la flecha y doble clic en las unidades y carpetas hasta que el cuadro muestre la ubicación correcta. Por lo general el disco duro de la computadora es (C:); la unidad que lleva discos de 3.5" es (A:).

3. Si está guardando el archivo en cualquier clase de medio extraíble, inserte el disco en la unidad de disco.

4. Escriba un nombre para el documento en la casilla que dice *Nombre del archivo (File name)*, *Nombre (Name)* o algo parecido. Haga clic en *Guardar (Save)* o *Aceptar (OK)*, o presione ENTER O RETURN.

Si modifica un documento después de guardarlo, guarde nuevamente el documento seleccionando el comando Guardar *(Save)* (paso 1). El cuadro de diálogo Guardar como *(Save as)* no va a aparecer esta vez porque ya le puso nombre al archivo.

## IMPRIMIR UN DOCUMENTO

Para imprimir un documento siga estos pasos:

1. Encienda la impresora. Asegúrese de que tiene papel.

2. Muestre el documento en la pantalla.

3. Seleccione el comando *Imprimir (Print)* del menú Archivo *(File)*, haga clic en el ícono *Imprimir (Print)* de la barra de herramientas estándar, o use el método abreviado de teclado para el comando *Imprimir (Print)*.

4. En el cuadro de diálogo Imprimir *(Print)* elija la configuración de impresión que quiera o use la configuracion que ya esta alli (la **configuración por defecto**). En la mayoría de los programas la configuración por defecto imprime una copia del documento. Cuando esté listo para imprimir, haga clic en *Aceptar (OK)* o *Imprimir (Print)* o presione ENTER O RETURN.

## CERRAR UN DOCUMENTO

Cuando se cierra un documento se lo retira de la pantalla. Si todavía no ha guardado el documento o si le ha hecho cambios que no ha guardado, cuando elija el comando Cerrar *(Close)* se le preguntará si primero quiere guardar el documento. Al elegir *No* se borrará un documento que no se ha guardado todavía. En un documento que se ha guardado, al elegir *No* se borrará cualquier cambio que le haya hecho desde la última vez que lo guardó. Puede cerrar un documento de cualquiera de las siguientes maneras:

- Elija el comando *Cerrar (Close)* del menú Archivo *(File)*.

- Elija el ícono *Cerrar (Close)* de la barra de herramientas estándar.

- Haga clic en el cuadro *Cerrar (Close)* o en el botón *Cerrar (Close)*. En las aplicaciones Macintosh® el cuadro Cerrar *(Close)* está en la parte superior izquierda de la ventana. El botón Cerrar *(Close)* en las aplicaciones que se basan en el sistema operativo Microsoft® Windows® es el botón que tiene una x y que se encuentra en el extremo derecho de las barras de título o de menúes. Cada ventana de documento

tiene un botón Cerrar (*Close*), como la ventana del
programa. Asegúrese de elegir el botón Cerrar (*Close*)
del documento, no el del programa, si quiere seguir
trabajando con el programa.

- Use el método abreviado de teclado para el comando
Cerrar (*Close*).

## ABRIR UN DOCUMENTO

Abrir un documento significa recuperarlo de cualquier
parte en donde esté guardado y mostrarlo en la pantalla.
Siga estos pasos para abrir un documento:

1. Elija *Abrir (Open)* del menú Archivo (*File*), haga clic
   en el ícono *Abrir (Open)* de la barra de herramientas
   estándar, o use el método abreviado de teclado para el
   comando Abrir (*Open*).

2. Elija o escriba el nombre de archivo del documento.
   Si no se muestra el nombre de archivo en el cuadro
   de diálogo Abrir (*Open*), vaya con el mouse hacia
   donde se guarda el archivo eligiendo la unidad de
   disco apropiada (y carpeta, si hay alguna), exactamente como hace cuando guarda un documento. Si
   está recuperando un archivo desde un disco de 3.5",
   CD-ROM o disco Zip, para obtener el archivo necesi-
   tará insertar el disco en la unidad de disco.

## CERRAR EL PROGRAMA

Elija una de estas opciones para cerrar el programa de
aplicación.

- Seleccione el comando *Salir (Exit* o *Quit)* del menú
  Archivo (*File*).

- Haga clic en el botón *Cerrar (Close)* o en el cuadro
  *Cerrar (Close)*.

Si todavía tiene un archivo abierto y no lo ha guardado,
o si ha hecho cambios en el archivo desde que lo guardó
por última vez, se le *pedirá* que guarde el archivo. La
computadora está programada para recordarle ciertos
pasos. Estos recordatorios se llaman **mensajes al
operador.**

## APAGAR LA COMPUTADORA

Siga estos pasos para apagar su computadora:

1. Cierre todo el programa de aplicación.

2. Retire cualquier medio de las unidades de disco.

3. Elija *Apagar (Shut Down)* del menú Inicio (*Start*)
   (sistema operativo Microsoft® Windows®), menú
   Apple (computadoras Macintosh®), o menú Especial
   (*Special*) (computadoras Macintosh®). En algunas
   computadoras Macintosh® en lugar de esto, puede
   presionar la tecla ON/OFF.

4. Si recibe un mensaje al operador que le pregunta si
   realmente quiere apagar, haga clic en *Sí (Yes)* o
   *Apagar (Shut Down)*. En algunas Macs, puede recibir
   un mensaje en donde se le pide que presione la tecla
   ON/OFF.

5. Después de apagar la computadora, apague la tecla de
   la energía de la CPU o del teclado (y del monitor, si
   es necesario).

# UNIDAD 1

## LECCIONES 1 a 8

# Repaso de teclas



**Objetivos:**

1. Repasar el dominio de las teclas guía (**fdsa jkl;**).
2. Repasar el dominio de la **barra espaciadora** y la tecla **enter**.

---

**1A•**    Ver página 2 de *Century 21*, 7ª edición

### Repaso de área de trabajo

Organice el área de trabajo como se muestra en la página 2 del libro C21.

- teclado alfanumérico (principal) frente a la silla; borde del teclado alineado con el borde de la mesa o el escritorio
- monitor ubicado para visualización fácil
- unidades de disco ubicadas para un acceso fácil y discos al alcance (a menos que se esté trabajando en red)
- libro detrás o al lado del teclado; elevado para lectura fácil

---

**1B •**

### Repaso de posición ante el teclado

Las características de la posición correcta se muestran en la página 2 del libro C21 y son:

- dedos curvados y verticales sobre las teclas guía
- muñecas bajas, sin tocar el teclado
- antebrazos paralelos a la inclinación del teclado
- cuerpo erguido, apoyado en el respaldo de la silla
- pies en el suelo para mantener el equilibrio

---

**1C •**    Ver página 3 de *Century 21*, 7ª edición

### Repaso de posición guía

1. Busque las teclas guía en la ilustración: **fdsa** para la mano izquierda y **jkl;** para la mano derecha.

   Ubique las teclas guía en su teclado y coloque sobre ellas los dedos, bien curvados y verticales (no inclinados).
2. Retire los dedos del teclado; luego vuelva a ponerlos en la posición guía, curvándolos y apoyándolos suavemente en las teclas.

## 1D •
### Repaso de técnicas: teclas guía y [barra espaciadora]

1. Lea los consejos y estudie las ilustraciones en la página 3 del libro C21.
2. Coloque los dedos en la posición guía.
3. Pulse la tecla de cada letra del primer grupo que está debajo de la ilustración.
4. Después de pulsar ; (punto y coma), presione la *barra espaciadora* una vez.
5. Complete el renglón; pulse la *barra espaciadora* una vez donde señala cada flecha.
6. Repase la posición correcta (1B); luego repita los pasos 3 a 5.

### *Técnica* C•O•N•S•E•J•O

**Digitación:** Pulse cada tecla con un ligero golpe de la yema del dedo, recogiéndola hacia la palma de la mano.

**Espaciado:** Pulse la barra espaciadora con el pulgar derecho, con un rápido movimiento hacia abajo y adentro (hacia la palma). Evite pausas antes o después de espaciar.

## 1E •
### Repaso de técnica: Retorno forzado al terminar el renglón

Lea la información y estudie la ilustración en la página 3 del libro C21.

Practique el alcance de la tecla ENTER varias veces.

#### Retorno forzado
Para llevar el punto de inserción al margen izquierdo del renglón siguiente, pulse ENTER.

Esto se llama **retorno forzado**. Fuerce el retorno al final de todos los renglones de práctica de esta unidad. Use dos retornos forzados cuando se indica hacer doble espacio.

#### Técnica de retorno forzado
Extienda el meñique derecho a la tecla ENTER, presiónela y luego regrese el dedo rápidamente a la posición guía.



## 1F •
### Repaso de teclas guía y [barra espaciadora]

Escriba los renglones una vez; a espacio simple (ES) con doble espacio (DE) entre grupos de dos renglones. No escriba el número de cada renglón.

### *Espaciado*

Para insertar un DE entre los grupos de dos renglones, pulse dos veces la tecla ENTER.

## 1G •
### Repaso de técnica: [Enter]

Escriba cada renglón dos veces a ES; entre los grupos de dos renglones deje DE.

## 1H •
### Refuerzo de teclado

Escriba cada renglón dos veces a ES; entre los grupos de dos renglones deje DE.

**Objetivos:**

**1.** Repasar la técnica de los alcances para **h** y **e**.

**2.** Repasar la técnica de los alcances para **i** y **r**.

---

**2A • 8'***     Ver página 5 de *Century 21,* 7ª edición

**Repaso de H y E**

Escriba cada renglón dos veces a espacio simple (ES); entre los grupos de dos renglones deje doble espacio (DE).

*Cantidad de minutos sugerida

---

**2B • 14'**

**Refuerzo de teclado**

Escriba cada renglón dos veces a ES; entre los grupos de dos renglones deje DE.

---

**2C • 8'**     Ver página 6 de *Century 21,* 7ª edición

**Repaso de I y R**

Escriba cada renglón dos veces a ES; entre los grupos de dos renglones deje DE.

---

**2D • 11'**

**Refuerzo de teclado**

1. Escriba cada renglón dos veces a ES; entre los grupos de dos renglones deje DE.
2. Escriba otra vez los renglones a un ritmo más rápido.

**Técnicas:**

- dedos bien curvados
- muñecas bajas, pero no apoyadas
- manos/brazos firmes
- mirada fija en el texto mientras escribe

---

**2E • 9'**

**Técnica: Enter**

Escriba cada renglón dos veces a ES; entre los grupos de dos renglones deje DE.

*Práctica*

Mantenga el ritmo hasta terminar el renglón, retorne rápido y comience el renglón nuevo sin pausar ni parar.

**Objetivos:**

**1.** Repasar la técnica de los alcances para **o** y **t**.

**2.** Repasar la técnica de los alcances para **n** y **g**.

## 3A • 5'

Ver página 7 de *Century 21*, 7ª edición

### Práctica de acondicionamiento

Escriba cada renglón dos veces a ES; entre los grupos de dos renglones deje DE.

## 3B • 7'

### Repaso de O y T

Escriba cada renglón dos veces a ES (despacio, luego más rápido); entre los grupos de dos renglones deje DE.

## 3C • 13'

### Refuerzo de teclado

1. Escriba cada renglón dos veces a ES; entre los grupos de dos renglones deje DE.
2. Escriba otra vez los renglones a un ritmo más rápido.

**Técnicas:**

• dedos curvados y verticales
• muñecas bajas, pero no apoyadas
• espaciado hacia abajo y adentro
• mirada fija en el texto mientras escribe

## 3D • 7'

Ver página 8 de *Century 21*, 7ª edición

### Repaso de N y G

Escriba cada renglón dos veces a ES; entre los grupos de dos renglones deje DE.

## 3E • 13'

### Refuerzo de teclado

1. Escriba cada renglón dos veces a ES; con DE entre los grupos de dos renglones.
2. Escriba otra vez los renglones a un ritmo más rápido.

**Técnicas:**

• dedos bien curvados
• muñecas bajas, pero no apoyadas
• manos/brazos firmes
• mirada fija en el texto mientras escribe

## 3F • 5'

### Técnica: Enter

Escriba cada renglón dos veces a ES; entre los grupos de dos renglones deje DE.

### *Práctica*

Mantenga el ritmo hasta terminar el renglón, retorne rápido y comience el renglón nuevo sin pausar ni parar.

**Objetivos:**

**1.** Repasar la técnica de los alcances para **shift izquierdo** y **(.) punto**.

**2.** Repasar la técnica de los alcances para **u** y **c**.

## 4A • 5'

Ver página 9 de *Century 21*, 7ª edición

### Práctica de acondicionamiento

Escriba cada renglón dos veces a ES (despacio, luego más rápido); entre los grupos de dos renglones deje DE.

## 4B • 7'

### Repaso de [shift] izquierdo y [.] (punto)

Escriba cada renglón dos veces a ES (despacio, luego más rápido); entre los grupos de dos renglones deje DE.

### *Espaciado*

Deje un espacio después del . que sigue a abreviaturas e iniciales. No deje espacio después del . dentro de las abreviaturas. Espacie dos veces después del . al final de una oración*, excepto cuando termina el renglón. En ese caso, haga un retorno forzado sin espaciar.

*A pesar de que la edición electrónica requiere sólo un espacio después de la puntuación final, en este libro de texto se especifican los dos espacios estándar.

## 4C • 13'

### Refuerzo de teclado

1. Escriba los renglones una vez a ES; entre los grupos de dos renglones deje DE.
2. Escriba otra vez los renglones a un ritmo más rápido.

**Técnicas:**

- dedos curvados y verticales
- muñecas bajas, pero no apoyadas
- digitación rápida
- mirada fija en el texto mientras escribe

## 4D • 7'

Ver página 10 de *Century 21*, 7ª edición

### Repaso de [U] y [C]

Escriba cada renglón dos veces a ES; entre los grupos de dos renglones deje DE.

## 4E • 13'

### Refuerzo de teclado

1. Escriba los renglones una vez a ES; DE entre los grupos de dos renglones.
2. Escriba otra vez los renglones a un ritmo más rápido.

**Técnicas:**

- Alcanzar hacia arriba sin alejar las manos del cuerpo.
- Alcanzar hacia abajo sin acercar las manos al cuerpo.
- Digitación veloz.
- Mirada fija en el texto mientras escribe.

## 4F • 5'

### Técnica: [Enter]

Escriba cada renglón dos veces a ES; entre los grupos de dos renglones deje DE.

### *Práctica*

Mantenga el ritmo hasta terminar el renglón, retorne rápido y comience el renglón nuevo sin pausar ni parar.

**Objetivos:**

**1.** Repasar la técnica del alcance para **w** y **shift derecho**.

**2.** Repasar la técnica del alcance para **b** e **y**.

---

**5A • 5'**     Ver página 11 de *Century 21,* 7ª edición

### Práctica de acondicionamiento

Escriba cada renglón dos veces a ES (despacio, luego más rápido); entre los grupos de dos renglones deje DE.

**5B • 7'**

### Repaso de W y shift derecho

Escriba cada renglón dos veces a ES (despacio, luego más rápido); entre los grupos de dos renglones deje DE.

**5C • 13'**

### Refuerzo de teclado

1. Escriba los renglones una vez a ES; entre los grupos de dos renglones deje DE.
2. Escriba otra vez los renglones a un ritmo más rápido.

### *Práctica*

Escriba a un ritmo parejo; espacie rápido después de cada palabra; mantenga el punto de inserción en movimiento continuo.

---

**5D • 7'**     Ver página 12 de *Century 21,* 7ª edición

### Repaso de B e Y

Escriba cada renglón dos veces a ES; entre los grupos de dos renglones deje DE.

**5E • 13'**

### Refuerzo de teclado

1. Escriba los renglones una vez a ES; DE entre los grupos de dos renglones.
2. Escriba otra vez los renglones a un ritmo más rápido.

**Técnicas:**

- Alcanzar hacia arriba sin alejar las manos del cuerpo.
- Alcanzar hacia abajo sin acercar las manos al cuerpo.
- Digitación veloz.
- Mirada fija en el texto mientras escribe.

---

**5F • 5'**

### Técnica: Enter

Escriba cada renglón dos veces a ES; entre los grupos de dos renglones deje DE.

### *Práctica*

Mantenga el ritmo hasta terminar el renglón, retorne rápido y comience el renglón nuevo sin pausar ni parar.

**Objetivos:**

**1.** Repasar la técnica del alcance para **m** y **x**.

**2** Repasar la técnica del alcance para **p** y **v**.

## 6A • 5'

Ver página 13 de *Century 21*, 7ª edición

### Práctica de acondicionamiento

Escriba cada renglón dos veces a ES (despacio, luego más rápido); entre los grupos de dos renglones deje DE.

## 6B • 7'

### Repaso de M y X

Escriba cada renglón dos veces a ES (despacio, luego más rápido); entre los grupos de dos renglones deje DE.

## 6C • 13'

### Refuerzo de teclado

1. Escriba los renglones una vez a ES; DE entre los grupos de dos renglones.
2. Escriba otra vez los renglones a un ritmo más rápido.

**Técnicas:**

- Alcanzar hacia arriba sin alejar las manos del cuerpo.
- Alcanzar hacia abajo sin acercar las manos al cuerpo.
- Digitación veloz.
- Mirada fija en el texto mientras escribe.

## 6D • 7'

Ver página 14 de *Century 21*, 7ª edición

### Repaso de P y V

Escriba cada renglón dos veces a ES; entre los grupos de dos renglones deje DE.

## 6E • 13'

### Refuerzo de teclado

1. Escriba los renglones una vez a ES; entre los grupos de dos renglones deje DE.
2. Escriba otra vez los renglones a un ritmo más rápido.

*Práctica*

- Alcanzar hacia arriba sin alejar las manos del cuerpo.
- Alcanzar hacia abajo sin acercar las manos al cuerpo.
- Digitación veloz.
- Mirada fija en el texto mientras escribe.

## 6F • 5'

### Técnica: Espaciado y puntuación

Escriba cada renglón dos veces a ES; entre los grupos de dos renglones deje DE.

*Espaciado*

No deje espacio después de un punto interno de una abreviatura, como en Ed.D.

**Objetivos**

**1.** Repasar la técnica del alcance para **q** y **,** (coma).

**2.** Repasar la técnica del alcance para **z** y **:** (dos puntos).

---

**7A • 5'**  Ver página 15 de *Century 21,* 7ª edición

## Práctica de acondicionamiento

Escriba cada renglón dos veces a ES (despacio, luego más rápido); DE entre los grupos de 2 renglones; si tiene tiempo, escriba los renglones otra vez.

**7B • 7'**

## Repaso de Q y ,

Escriba cada renglón dos veces a ES (despacio, luego más rápido); DE entre los grupos de 2 renglones.

### *Espaciado*

Después de la **,** usada como signo de puntuación, pulse un espacio.

**7C • 13'**

## Refuerzo de teclado

1. Escriba cada renglón una vez a ES; DE entre los grupos de dos renglones.
2. Repita el ejercicio a un ritmo más rápido.

**Técnicas**

- Alcanzar hacia arriba sin alejar las manos del cuerpo.
- Alcanzar hacia abajo sin acercar las manos al cuerpo.
- Digitación veloz.

**7D • 7'**  Ver página 16 de *Century 21,* 7ª edición

## Repaso de Z y :

Escriba cada renglón dos veces a ES (despacio, luego más rápido); DE entre los grupos de 2 renglones.

### *Habilidades lingüísticas*

- Después de los **:** usados como signo de puntuación, espacie dos veces.
- Escriba con mayúscula la primera palabra de una oración completa que sigue a dos puntos.
- No escriba con mayúscula un fragmento de oración que sigue a dos puntos.

**7E • 13'**

## Refuerzo de teclado

1. Escriba cada renglón una vez a ES con un DE entre los grupos de 2 renglones.
2. Repita el ejercicio a un ritmo más rápido.

**Técnicas:**

- dedos curvados y verticales
- manos y brazos quietos
- ritmo de digitación parejo

**7F • 5'**

## Párrafos en bloque

1. Lea la nota que sigue.

   **Nota:** Al final de cada renglón completo, el texto y el punto de inserción pasan al renglón siguiente automáticamente. Esto se denomina **retorno automático**. Use el retorno automático cuando escriba un párrafo. Pero, al final del párrafo, haga dos retornos forzados para crear un doble espacio entre ese párrafo y el siguiente.
2. Escriba cada párrafo (¶) una vez a ES; DE entre ellos; luego escríbalos otra vez más rápido.
3. Si su instructor se lo pide, escriba cada ¶ durante 1', determine su *gwam*.

**Objetivos:**

1. Repasar la técnica del alcance para **caps lock**, **?** (signo de interrogación),
   **'** (apóstrofo), **-** (guión) y **"** (comillas).
2. Repasar la técnica del alcance para la tecla **Tab**.

## 8A • 5'

Ver página 17 de *Century 21*, 7ª edición

### Práctica de acondicionamiento

Escriba cada línea dos veces a ES; luego escriba el renglón 3 durante 1'; determine su *gwam* en la escala que está debajo del renglón 3.

**Nota:** Si escribió sólo una parte del renglón, su **gwam** (*gross words a minute*=total de palabras por minuto) es el número que está debajo de la última letra que escribió. Si terminó el renglón y volvió a empezar, sume 10 a ese número.

## 8B • 7'

### Repaso de Caps Lock y ?

Escriba cada renglón dos veces a ES (despacio, luego más rápido); DE entre los grupos de 2 renglones.

**Nota:** Para escribir una serie de letras mayúsculas, presione CAPS LOCK usando el meñique izquierdo. Para soltar el CAPS LOCK pulse otra vez esa tecla.

### *Espaciado*

Espacie dos veces después de un ? al final de una oración, excepto al final de un renglón o un párrafo.

## 8C •10'

### Repaso de Tab

Sangre y escriba cada párrafo una vez a ES usando retornos automáticos; DE entre ¶.

**Nota:** Para sangrar el primer renglón de un ¶ presione TAB usando el meñique izquierdo. Por lo general las tabulaciones se encuentran cada 0.5" a la derecha del margen izquierdo.

## 8D • 10'

Ver página 18 de *Century 21*, 7ª edición

### Repaso de ', - y "

Escriba cada renglón dos veces a ES (despacio, luego más rápido), DE entre grupos de 2 renglones.

**Nota:** Los apóstrofos o las comillas pueden verse diferentes en su pantalla si los compara con los que se muestran en estas líneas. Cualesquiera sean las diferencias en su apariencia, los signos sirven para el mismo propósito.

## 8E • 18'

### Refuerzo de teclado

1. Escriba los renglones una vez a ES; DE entre grupos de 2 renglones.
2. Escriba los renglones otra vez a un ritmo más rápido.
3. Escriba durante 1' las líneas 10 a 12.

# UNIDAD 3

**LECCIONES 13 y 14**

# Repaso de teclas de números



**Objetivos:**

**1.** Repasar la técnica de los alcances para **8, 1, 9, 4** y **0**.

**2.** Mejorar la habilidad en la copia de textos manuscritos y borradores.

---

**13A • 5'**    Ver página 29 de *Century 21*, 7ª edición

**Práctica de acondicionamiento**

Escriba cada renglón dos veces a ES; luego escriba el renglón 3 durante 1'; determine su *gwam*.

**13B • 8'**

**Repaso de** 8 **y** 1

Escriba cada renglón dos veces a ES (despacio, luego más rápido); DE entre los grupos.

**13C • 7'**    Ver página 30 de *Century 21*, 7ª edición

**Refuerzo de teclado**

Escriba cada renglón dos veces a ES (despacio, luego más rápido); DE entre los grupos.

**13D • 9'**

**Repaso de** 9 **,** 4 **y** 0

Escriba cada renglón dos veces a ES (despacio, luego más rápido); DE entre los grupos.

**Nota:** En el renglón 1 use la letra l. En el renglón 2 use el número 1.

**13E • 11'**

**Evaluación de la velocidad**

1. Escriba cada renglón durante 30". Determine su *gwam* en cada caso.
2. Escriba cada renglón durante otros 30" a un ritmo más rápido.
3. Escriba el ejercicio 12E, pág. 26, dos veces, cada vez durante 2'.

---

**13F • 10'**    Ver página 31 de *Century 21*, 7ª edición

**Texto manuscrito y borrador**

1. Escriba cada renglón una vez a DE (dos retornos forzados entre renglones).
2. Si tiene tiempo, escriba el borrador.

     = mayúscula
     = insertar
     = transponer
     = eliminar espacio
     = insertar espacio
     = minúscula
     = unir

**Objetivos:**

**1.** Repasar la técnica de los alcances para **5, 7, 3, 6 y 2**.

**2.** Mejorar la transferencia de habilidades y adquisición de velocidad.

**14A • 5'**
Ver página 31 de *Century 21,* 7ª edición

### Práctica de acondicionamiento

Escriba cada renglón dos veces a ES; luego escriba el renglón 3 durante 1'; determine su *gwam*.

**14B • 5'**

### Repaso de 5 y 7

Escriba cada renglón dos veces a ES (despacio, luego más rápido); DE entre los grupos.

**14C • 8'**
Ver página 32 de *Century 21,* 7ª edición

### Dominio de las teclas de números

Escriba cada renglón dos veces a ES (despacio, luego más rápido); DE entre los grupos.

**14D • 8'**

### Repaso de 3 , 6 y 2

Escriba cada renglón dos veces a ES (despacio, luego más rápido); DE entre los grupos.

**14E • 10'**
Ver página 33 de *Century 21,* 7ª edición

### Transferencia de habilidades

1. Escriba cada ¶ durante 1'; determine su *gwam* en cada caso.

2. Compare los resultados. ¿En qué ¶ obtuvo mayor *gwam*?

3. Escriba cada uno de los ¶ más lentos dos veces, durante 1' cada vez, tratando de igualar el *gwam* mayor obtenido en el paso 1.

**Nota:** Velocidades relativas para clases de textos diferentes:

* mayor: texto convencional
* intermedio: texto manuscrito
* menor: texto estadístico

Para determinar su *gwam*, use la escala *gwam* de 1' por renglones parciales que aparece en los ¶ 1 y 2, pero cuente las palabras en el ¶ 3.

**14F • 14'**

### Adquiera velocidad

1. Escriba cada ¶ durante 1'; determine su *gwam* en cada caso.

2. Agregue 2 a 4 *gwam* a su mejor promedio del paso 1 para obtener una meta nueva.

3. Escriba tres textos, cada uno durante 1' tratando de alcanzar una meta nueva.

# UNIDAD 5
## LECCIONES 17 a 19
# Aprenda/Repase las teclas de símbolos



**Objetivos:**

1. Aprender o repasar el dominio de /, $, !, %, < y >.
2. Combinar /, $, !, %, < y > con otras teclas.

---

### 17A • 5'
Ver página 40 de *Century 21*, 7ª edición

**Práctica de acondicionamiento**

Escriba cada renglón dos veces a ES; luego escriba el renglón 3 durante 1'; determine su *gwam*.

### 17B • 15'
**Aprenda/repase** /, $ y !

Escriba cada renglón dos veces a ES (despacio, luego más rápido); DE entre los grupos.

> La / es el shift del signo de interrogación. Oprímala con el dedo meñique derecho.
>
> El símbolo $ es el shift de 4. Púlselo con el dedo índice izquierdo.
>
> El símbolo ! es el shift de 1 y se pulsa con el dedo meñique izquierdo.

*Espaciado*

No espacie entre un número y la / o el símbolo $.

---

### 17C • 12'
Ver página 41 de *Century 21*, 7ª edición

**Aprenda/repase** % , < y >

Escriba cada renglón dos veces a ES (despacio; luego más rápido); DE entre los grupos.

> El símbolo % es el shift de 5. Púlselo con el dedo índice izquierdo.
>
> El símbolo < es el shift de , y se pulsa con el dedo cordial derecho.
>
> El símbolo > es el shift de . y se pulsa con el dedo anular derecho.

*Espaciado*

No espacie entre un número y el símbolo %.

### 17D • 10'
**Adquiera habilidad: Símbolos**

Escriba dos veces cada renglón a ES (despacio; luego más rápido); DE entre los grupos.

### 17E • 8'
**Adquiera velocidad**

1. Escriba el ¶ tres veces, cada vez durante 1'; determine su *gwam* en cada caso.
2. Escriba el ¶ dos veces, cada vez durante 2'; determine su *gwam*.

**Objetivos:**

**1.** Aprender o repasar el dominio de #, &, +, @ y ( ).

**2.** Combinar #, &, +, @ y ( ) con otras teclas.

## 18A • 5'

Ver página 42 de *Century 21*, 7ª edición

**Práctica de acondicionamiento**

Escriba cada renglón dos veces a ES; luego escriba el renglón 3 durante 1'; determine su gwam.

## 18B • 15'

**Aprenda/repase** # , & y +

Escriba cada renglón dos veces a ES (despacio, luego más rápido); DE entre los grupos.

> El símbolo # es el shift de 3. Lo pulsa el dedo cordial izquierdo.
>
> El símbolo & es el shift de 7. Púlselo con el dedo índice derecho.
>
> El símbolo + está a la derecha del guión. Presione el shift izquierdo; pulse + con el dedo meñique derecho.

*Espaciado*

- No espacie entre # y un número.
- Espacie una vez antes y después de & cuando lo usa para unir nombres.

## 18C • 15'

**Adquiera habilidad**

1. Repase el procedimiento para establecer metas de velocidad (Procedimiento para textos guiados, pág. 22).
2. Use este procedimiento mientras escribe los textos no guiados y guiados que aparecen en **15D** (pág. 35).
3. Compare su gwam de hoy (el mejor obtenido durante 2' de escritura) con las velocidades obtenidas anteriormente en estos párrafos.

## 18D • 15'

Ver página 43 de *Century 21*, 7ª edición

**Aprenda/repase** @ , ( y )

Escriba cada renglón dos veces a ES (despacio, luego más rápido); DE entre los grupos.

**Nota:** En los renglones 4 y 5 use la letra l.

> El símbolo @ es el shift de 2. Púlselo con el dedo anular izquierdo.
>
> El ( es el shift de 9 y se pulsa con el dedo anular derecho.
>
> El ) es el shift de 0; use el dedo meñique derecho para pulsarlo.

*Espaciado*

No espacie entre los paréntesis izquierdo o derecho y el texto encerrado entre ellos.

**Objetivos:**

**1.** Aprender o repasar el dominio de =, _, \, * y [ ].

**2.** Combinar =, _, \, *, [ ] con otras teclas.

---

**19A • 5'**   Ver página 43 de *Century 21,* 7ª edición

**Práctica de acondicionamiento**

Escriba cada renglón dos veces a ES; luego escriba el renglón 3 durante 1'; determine su *gwam*.

---

**19B • 15'**

**Adquiera habilidad**

4. Repase el procedimiento para practicar a mayor velocidad de la pág. 22 (Procedimiento para textos guiados).

5. Use este procedimiento mientras escribe los textos no guiados y guiados que aparecen en **16E** (pág. 37).

6. Compare su *gwam* de hoy (el mejor obtenido durante 2' de escritura) con las velocidades obtenidas anteriormente en estos párrafos.

---

**19C • 15'**   Ver página 44 de *Century 21,* 7ª edición

**Aprenda/repase** =, _ y \

Escriba cada renglón dos veces a ES (despacio, luego más rápido); DE entre los grupos.

El símbolo = es la misma tecla que el símbolo + y se pulsa con el dedo meñique derecho.

El _ es el shift del – y se pulsa con el dedo meñique derecho.

La \ está encima de ENTER. Para pulsarla use el dedo meñique derecho.

---

**19D • 15'**

**Aprenda/repase** *, [ y ]

Escriba cada renglón dos veces a ES (despacio, luego más rápido); DE entre los grupos.

El * es el shift de 8. Púlselo con el dedo cordial derecho.

El [ está a la derecha de la p. Púlselo con el dedo meñique derecho.

El ] está a la derecha del [ y se pulsa también con el dedo meñique derecho.

# Aprender a operar el teclado numérico

## ACTIVIDAD 1    TECLAS DEL TECLADO NUMÉRICO: 4 / 5 / 6 / 0

**Objetivos:**

**1.** Aprender técnicas para pulsar **4, 5, 6 y 0.**

**2.** Pulsar estas teclas de números guía de manera rápida y fácil.

---

**1A • 5'**    Ver página 51 de *Century 21*, 7ª edición

### Posición ante el teclado numérico

1. Ubíquese frente al teclado: cuerpo erguido, ambos pies en el suelo.
2. Coloque este libro para leerlo fácilmente: a la derecha o directamente detrás del teclado.

---

**1B • 5'**

### Posición guía

Curve los dedos de la mano derecha y colóquelos sobre el teclado numérico:

- dedo índice en el 4
- dedo cordial en el 5
- dedo anular en el 6
- dedo pulgar en el 0

**Nota:** Para usar el teclado numérico, la tecla Num (número) Lock debe estar activada.

---

**1C • 40'**    Ver página 52 de *Century 21*, 7ª edición

### Teclas nuevas: 4, 5, 6 y 0 (Teclas guía)

Use la calculadora de su computadora para completar los ejercicios en la página 52 del libro C21.

1. Curve los dedos de la mano derecha; colóquelos verticalmente sobre las teclas guía:
   - dedo índice en el 4
   - dedo cordial en el 5
   - dedo anular en el 6
   - dedo pulgar en el 0
2. Escriba/ingrese cada número: Escriba el número o ingréselo oprimiendo la tecla + con el dedo meñique de la mano derecha.
3. Después de ingresar los números de cada columna, verifique su resultado con el que aparece debajo de la columna.
4. Oprima la tecla ESC del teclado principal para borrar la calculadora; luego ingrese los números de la columna siguiente.
5. Para aumentar la velocidad de ingreso, repita los pasos 2 a 4 de los ejercicios 1 a 6.

*Técnica*

Pulse cada tecla con un golpe rápido y firme de la yema del dedo; suelte la tecla con rapidez.

Mantenga los dedos curvados y verticales, la muñeca baja, relajada y firme.

Pulse el 0 con el costado del pulgar derecho, de la misma manera en que pulsa la barra espaciadora.

**Objetivos:**

**1.** Aprender los alcances para **7, 8** y **9**.

**2.** Combinar las teclas nuevas con las otras teclas aprendidas.

### 2A • 5'

Ver página 53 de *Century 21*, 7ª edición

### Repaso de la posición guía

Repase la posición guía calculando los totales que aparecen en la página 53 del libro C21.

### 2B • 45'

### Teclas nuevas: 7 , 8 y 9

#### Aprenda el alcance al 7

1. Busque el 7 (encima del 4) en el teclado numérico.
2. Sin pulsar las teclas, observe varias veces cómo su dedo índice se mueve hacia el 7 y regresa al 4.
3. Practique el 74 pulsándolo varias veces mientras observa su dedo.
4. Con la mirada en el texto, escriba/ingrese los datos de los ejercicios 1A y 1B. No se preocupe por los totales.

#### Aprenda el alcance al 8

1. Aprenda a alcanzar el 8 (encima del 5) con el dedo cordial como se indica en los pasos 1 a 3 anteriores.
2. Con la mirada en el texto, ingrese los datos de los ejercicios 1C y 1D.

#### Aprenda el alcance al 9

1. Aprenda a alcanzar el 9 (encima del 6) con el dedo anular como se indica más arriba.
2. Con la mirada en el texto, ingrese los datos de los ejercicios 1E y 1F.

#### Ejercicios 2 a 5

1. Calcule el total de cada problema de los ejercicios 2 a 5. Verifique sus resultados con los totales indicados.
2. Repita los ejercicios 2 a 5 para aumentar la velocidad de ingreso.

# ACTIVIDAD 3 — TECLAS DEL TECLADO NUMÉRICO: 1 / 2 / 3

**Objetivos:**

**1.** Aprender los alcances para 1, 2 y 3.

**2.** Combinar las teclas nuevas con las otras teclas aprendidas.

### 3A • 5'

Ver página 54 de *Century 21*, 7ª edición

### Repaso del teclado

Repase el teclado calculando los totales que aparecen en la página 54 del libro C21.

### 3B • 45'

### Teclas nuevas: 1 , 2 y 3

#### Aprenda el alcance al 1

1. Busque el 1 (debajo del 4) en el teclado numérico.
2. Sin pulsar las teclas, observe varias veces cómo su dedo índice se mueve hacia el 1 y regresa al 4.
3. Practique el 14 pulsándolo varias veces mientras observa su dedo.
4. Con la mirada en el texto, ingrese los datos de los ejercicios 1A y 1B. No se preocupe por los totales.

#### Aprenda el alcance al 2

1. Aprenda a alcanzar el 2 (debajo del 5) con el dedo cordial como se indica en los pasos 1 a 3 anteriores.
2. Con la mirada en el texto, ingrese los datos de los ejercicios 1C y 1D.

#### Aprenda el alcance al 3

1. Aprenda a alcanzar el 3 (debajo del 6) con el dedo anular como se indica más arriba.
2. Con la mirada en el texto, ingrese los datos de los ejercicios 1E a 1G.

#### Ejercicios 2 a 4

Calcule los totales de cada ejercicio y verifique sus resultados.

#### Aprenda el alcance al . (punto decimal)

1. Aprenda a alcanzar con el dedo anular el punto decimal (.) ubicado debajo del 3.
2. Con la mirada en el texto, calcule el total de cada problema del ejercicio 5.
3. Repita los ejercicios 2 a 5 para aumentar la velocidad de ingreso.

<end 54>

# Aprenda a dar formato a memos y correo electrónico

## Memo interno

Los memos (memorandos entre oficinas) son mensajes escritos que se envían los empleados de una organización para comunicarse entre sí. Más abajo aparece el formato estándar (disposición) de un memo y en la pág. 60 se ilustra un ejemplo.

## Márgenes del memo

Margen superior (MS): 2"

Márgenes laterales (ML): por defecto o 1"

Margen inferior (MI): por lo menos 1"

**Encabezamiento del memo.** El encabezamiento incluye a quién se envía el memo (TO:), de quién es (FROM:), la fecha en que se envía (DATE:) y el asunto sobre el que trata (SUBJECT:). Empiece todos los renglones del encabezamiento en el margen izquierdo y espácielos como se indica a continuación.

TO:   Tabule dos veces para escribir el nombre.
         DE

FROM:  Tabule una vez para escribir el nombre.
         DE

DATE:  Tabule una vez para escribir la fecha.
         DE

SUBJECT: Tabule una vez para escribir el asunto, todo en MAYÚSCULAS.
         DE

**Cuerpo del memo.** Los párrafos del memo empiezan todos sobre el margen izquierdo y se escriben a ES con un DE entre un párrafo y otro.

**Iniciales de referencia.** Si la persona que escribe el memo no es la misma que quien lo envía, se escriben sus iniciales en letras minúsculas sobre el margen izquierdo a DE debajo del cuerpo.

**Anotaciones de adjunto/anexo.** Si a un memo se le une otro documento, se escribe la palabra "Attachment" ("Anexo") sobre el margen izquierdo, un DE debajo de las iniciales de referencia (o debajo del último renglón del cuerpo, si las iniciales de referencia no se incluyen). Si el documento acompaña al memo, pero no está unido a él, se escribe la palabra "Enclosure" ("Adjunto").

## Correo electrónico

El correo electrónico (*e-mail [electronic mail]*) se usa en la mayoría de las empresas comerciales. Debido a la facilidad para crearlos y a la rapidez para enviarlos, los mensajes por correo electrónico han reemplazado en parte a los memos y las cartas. Por lo general la recepción de un mensaje por correo electrónico toma pocos minutos, ya sea que el destinatario esté en el mismo edificio o en cualquier otra parte del mundo.

El formato que se usa para un mensaje de correo electrónico es muy parecido al de un memo. Puede haber pequeñas variaciones, según sea el programa que se use para crearlo. El formato que se usa habitualmente aparece en la pág. 62.

**Encabezamiento del correo electrónico.** El encabezamiento de los mensajes de correo electrónico incluye la misma información que el de los memos (**To:**, **From:**, **Date:** y **Subject:**). Puede incluir también un **Cc:** renglón para enviar copia del mensaje a otras personas, un **Bcc:** renglón para enviar copia del mensaje a alguien sin que el destinatario lo sepa, y un **Attachment (Anexo):** renglón para adjuntar archivos al mensaje por correo electrónico.

**Cuerpo del correo electrónico.** Los párrafos de un mensaje de correo electrónico empiezan todos sobre el margen izquierdo y se escriben a ES, con un DE entre un párrafo y otro.

# UNIDAD 8
## LECCIONES 25 a 27
# Aprenda a dar formato a informes sin encuadernar

Los informes cortos se preparan a menudo sin tapas ni carpetas. Si se componen de dos o más páginas, éstas se sujetan por el ángulo superior izquierdo con una grapa o un clip. Esta clase de informes se llaman informes sin encuadernar.

### Márgenes estándar

Se detallan a continuación los márgenes estándar para informes sin encuadernar:

| Primera página: | |
| --- | --- |
| Márgenes laterales: | 1" |
| Margen superior: | 2" |
| Margen inferior: | aproximadamente 1" |
| Número de página: | opcional; si se lo incluye, va centrado al pie de página |

| Segunda página y siguientes: | |
| --- | --- |
| Márgenes laterales: | 1" |
| Margen superior: | 1" |
| Margen inferior: | aproximadamente 1" |
| Número de página: | sobre el margen superior, alineado a la derecha |

### Interlineado

Entre el título y el primer renglón del cuerpo de un informe se deja un CE. Los títulos con varios renglones se escriben a DE.

Antes y después de los subtítulos sobre el margen y entre los párrafos se deja un DE. Los párrafos pueden escribirse a ES o a DE. *Los informes que usted escriba en esta unidad llevarán párrafos a DE.*

### Números de página

La primera página de los informes sin encuadernar puede llevar número de página o no. *Los informes que se escriban para esta unidad no incluirán número en la primera página.* La segunda página y siguientes deben llevar el número en la parte superior de la página sobre el margen derecho. El programa de su computadora colocará automáticamente el número de página en el lugar que usted determine.

### Citas textuales (dentro del texto)

Las referencias que se usen para dar crédito a todo material citado o parafraseado —las llamadas **citas textuales**— se escriben en el cuerpo del texto entre paréntesis. Las citas textuales incluyen el nombre del autor o autores, el año de publicación y el número de página o páginas del material referido. **Nota:** En el caso de las referencias electrónicas (tomadas de Internet), las citas textuales incluyen el nombre del autor o autores y el año de publicación.

Las citas de hasta tres renglones copiados se encierran entre comillas. Las citas largas (de cuatro renglones o más) se sangran a la izquierda (o a izquierda y derecha). El material parafraseado no se encierra entre comillas ni se sangra.

Para indicar que se ha omitido material de una cita se usa la **elipsis** ( . . .). La elipsis se compone de tres puntos con un espacio antes y otro después de ellos. Si el material omitido queda al final de la oración, la puntuación final va antes de la elipsis.

```
In ancient Greece, plays were
performed only a few times a
year . . . . The festivals were
held to honor DIonysus in the hope
that he would bless the Greeks . .
. . (Prince and Jackson, 1997, 35)
```

### Lista de referencias

Todas las referencias citadas se detallan en una lista al final del informe bajo el subtítulo REFERENCES [REFERENCIAS] (o BIBLIOGRAPHY [BIBLIOGRAFÍA], o WORKS CITED [OBRAS CITADAS]). Haga un CE entre el subtítulo y la primera referencia. Las referencias se ordenan alfebéticamente por el apellido del autor. Se escriben a ES con un DE entre una y otra. Comience el primer renglón de cada referencia sobre el margen izquierdo; dé a los demás renglones una sangría de 0.5".

Si la lista de referencias aparece en la última página del cuerpo del informe, haga un CE entre el último renglón del texto y el subtítulo REFERENCES. Si aparece en hoja aparte, use los mismos márgenes que en la primera página del informe e incluya el número de página correspondiente.

# Aprenda a presentar cartas privadas

Las cartas que se escriben para tratar asuntos de carácter personal se llaman **cartas privadas.** Para presentar una carta privada se usa habitualmente el formato de párrafo en bloque (ilustrado a la izquierda).

Las cartas presentadas con formato de párrafo en bloque tienen el comienzo de todas sus partes sobre el margen izquierdo. Los párrafos no se sangran.

## Márgenes de una carta

Márgenes laterales: 1" (o por defecto)

Margen superior: 2"

Margen inferior: aproximadamente 1"

En vez de tener un margen superior de 2", las cartas pueden centralizarse verticalmente con la función Center Page. La carta queda en posición de lectura insertando dos retornos forzados después del último renglón escrito.

## Partes básicas de una carta privada

Se describen a continuación las partes básicas de una carta privada en el orden en que se colocan.

**Dirección del remitente.** La dirección del remitente consiste en un renglón para el número y la calle, y otro para la ciudad, el estado y el código postal.

**Fecha.** Escriba el mes, el día y el año debajo del renglón de ciudad, estado y código postal.

**Dirección del destinatario.** Escriba el primer renglón de la dirección del destinatario (de envío) un CE debajo de la fecha. Antes del nombre del destinatario se escribe un título personal (*Miss, Mr., Mrs., Ms.*) o profesional (*Dr., Lt., Senator*).

**Tratamiento inicial.** Escriba el tratamiento inicial (saludo) un DE debajo de la dirección del destinatario.

**Cuerpo.** Empiece el cuerpo de la carta (mensaje) un DE debajo del tratamiento inicial. Escriba los párrafos a ES y en bloque, con un DE entre uno y otro.

**Saludo final.** Escriba el saludo final (despedida) un DE debajo del último renglón del cuerpo.

**Nombre del autor.** Escriba el nombre del autor (emisor del mensaje) un CE debajo del saludo final. Si se trata de una mujer, el nombre puede estar precedido de un título personal (*Miss, Mrs., Ms.*) para indicar qué tratamiento prefiere ella. Si se trata de un hombre con un nombre que no indica claramente el sexo (por ejemplo: *Kim, Leslie, Pat*), el título *Mr.* puede preceder al nombre.

## Partes especiales de una carta

Además de las partes básicas, una carta puede incluir las partes especiales que se describen a continuación.

**Iniciales de referencia.** Si quien escribe la carta no es el propio remitente, se escriben las iniciales del mecanógrafo o mecanógrafa en letras minúsculas sobre el margen izquierdo, un DE debajo del nombre del autor.

**Anotación de adjunto/anexo.** Si a una carta se le une otro documento, se escribe la palabra "Attachment" ("Anexo") sobre el margen izquierdo, un DE debajo de las iniciales de referencia. Si el documento que acompaña a la carta no está unido a ella, se escribe la palabra "Enclosure" ("Adjunto"). Si no se incluyen iniciales de referencia, se escribe "Attachment" o "Enclosure" un doble espacio debajo del nombre del autor.

# Aprenda a dar formato a una tabla

### Guías para dar formato: Tablas

Aunque para crear tablas usted usará un procesador de textos, va a necesitar estas pautas para confeccionarlas de modo que resulten fáciles de leer y atractivas.

### Partes de una tabla

Una tabla es la distribución de datos (palabras y/o números) en filas y columnas. Las columnas se ordenan alfabéticamente de izquierda a derecha; las filas se ordenan numéricamente de arriba abajo. Las tablas varían en complejidad desde las que se componen de sólo dos columnas y un título, hasta las que tienen varias columnas y características especiales. Las tablas de esta unidad se limitan a las siguientes partes:

1. Título principal generalmente todo en MAYÚSCULAS (centrado en la primera línea o arriba de la tabla).

2. Título secundario con mayúscula sólo en la primera letra (centrado un DE debajo del título principal).

3. Título de columna (centrado sobre la columna).

4. Cuerpo (entradas de datos).

5. Fuente de consulta (nota al pie, a la izquierda).

6. Líneas divisorias (pueden ocultarse). *

---

* Algunos programas imprimen las líneas divisorias entre columnas y filas (como se ve en el modelo, pág. 95) o permiten ocultarlas todas o algunas de ellas antes de imprimir. **Nota:** Si su programa imprime las líneas divisorias por defecto, déjelas, a menos que reciba instrucciones de ocultarlas. Si no va a imprimir las líneas divisorias, deberá subrayar los títulos de columna. También deberá subrayar la última entrada de las columnas de cantidades que tengan un total.

### Funciones para dar formato a una tabla

Para confeccionar tablas de modo que resulten atractivas y fáciles de leer puede usar las siguientes funciones (ilustradas en la pág. 95).

**Ubicación vertical.** Las tablas se pueden centrar verticalmente (márgenes superior e inferior iguales) o pueden comenzar a 2" debajo del borde superior de la página.

**Ubicación horizontal.** Las tablas quedan más atractivas cuando están centradas horizontalmente (de lado a lado) en la página.

**Ancho de columna.** Por lo general cada columna debe ser apenas más ancha que la entrada más larga que contenga. Las columnas de una tabla deben tener idéntico ancho entre sí o ser marcadamente diferentes. Deben evitarse las columnas poco diferenciadas en anchura.

**Altura de fila.** Todas las filas, incluyendo las de los títulos, pueden tener la misma altura. Para mejorar la presentación, la fila del título principal puede ser apenas más alta que la del título secundario, que a su vez puede ser apenas más alta que la fila de los títulos de columna, y ésta también puede serlo respecto de las filas de las entradas de datos.

**Alineación vertical.** Dentro de las filas, las entradas de los datos se pueden alinear en la parte superior, en el centro o al pie. Lo más frecuente es usar la alineación vertical central para los títulos de columna y la alineación vertical al pie para las entradas de datos. Si se incluye nota de la fuente de consulta, también debe alinearse al pie.

**Alineación horizontal.** Dentro de las columnas, las palabras pueden alinearse a la izquierda o en el centro. Cuando la columna contenga cifras con un total, las cantidades deben alinearse a la derecha respetando la alineación de los decimales, si los hubiera. Otras cifras pueden centrarse.

# Familiarícese con su computadora

## Computadora personal IBM o compatible

Las ilustraciones de más abajo muestran los dispositivos más importantes de una computadora IBM o compatible y la organización de su teclado. El texto siguiente identifica cada dispositivo numerado.

Estos dispositivos se encuentran en casi todas las computadoras, aunque puede variar su ubicación. Si usted usa una computadora IBM o compatible diferente de la que aparece en la ilustración, para encontrar la ubicación exacta de cada parte fíjese en el manual del usuario.

### Computadora e impresora

1. **Teclado (Keyboard):** ordenamiento de teclas de letras, números, signos, control, función y edición, mas un teclado numérico.

2. **Unidad de procesamiento central (CPU, Central Processing Unit):** unidad de operación interna o "cerebro" de una computadora.

3. **Unidad de disco (Disk drive):** unidad interna, o externa y conectada a una computadora, que lee la información guardada en discos (magnéticos u ópticos) y la escribe en ellos para almacenarla.

4. **Monitor (Monitor):** aparato parecido a un televisor que se usa para mostrar la información en una pantalla.

5. **Mouse:** dispositivo que se desliza sobre una almohadilla en una superficie plana para controlar los movimientos del cursor en la pantalla.

6. **CD-ROM drive:** la unidad de CD-ROM usa haz de rayos láser de pequeña potencia para leer la información del disco óptico. La unidad proporciona esta información a la computadora para su procesamiento.

7. **Impresora (Printer):** unidad conectada a una computadora que imprime texto en papel.

### Teclado

8. **Teclas de función (Function keys, F):** solas o pulsadas en combinación con otras teclas, desempeñan operaciones específicas de cada programa do oomputación.

9. **Retroceso (Backspace):** borra el carácter de la izquierda del punto de inserción.

10. **Retorno (Enter):** hace que el punto de inserción se deslice hacia el margen izquierdo del renglón siguiente.

11. **Supr (Delete):** borra el carácter que se encuentra a la derecha del punto de inserción.

12. **Insert (Insert):** alterna entre los modos insertar y sobrescribir.

13. **Bloq Num (Num Lock):** conecta y desconecta el teclado numérico.

14. **Teclado numérico (Numeric keypad):** teclado parecido al de una calculadora, que se usa para ingresar cifras y hacer cálculos.

15. **Teclas de flecha (Arrow keys):** mueven el punto de inserción en la dirección indicada por cada flecha.

16. **Control (CTRL):** cuando se pulsa junto con otra tecla, desempeña una operación específica del programa.

17. **Mayús. (Shift):** cuando se pulsa junto con las teclas correspondientes, hace letras mayúsculas y ciertos signos.

18. **ALT (Alternate):** cuando se pulsa al mismo tiempo que otra tecla o inmediatamente antes, trabaja un comando específico.

19. **Barra espaciadora (Space Bar):** inserta espacio entre palabras y oraciones.

20. **Bloq. Mayús. (Caps Lock):** cuando está activada, hace que todas las letras se escriban en mayúscula.

21. **Tab (Tab):** desliza el punto de inserción a una posición predeterminada.

22. **Escape (ESC):** "sale" de los comandos previos.

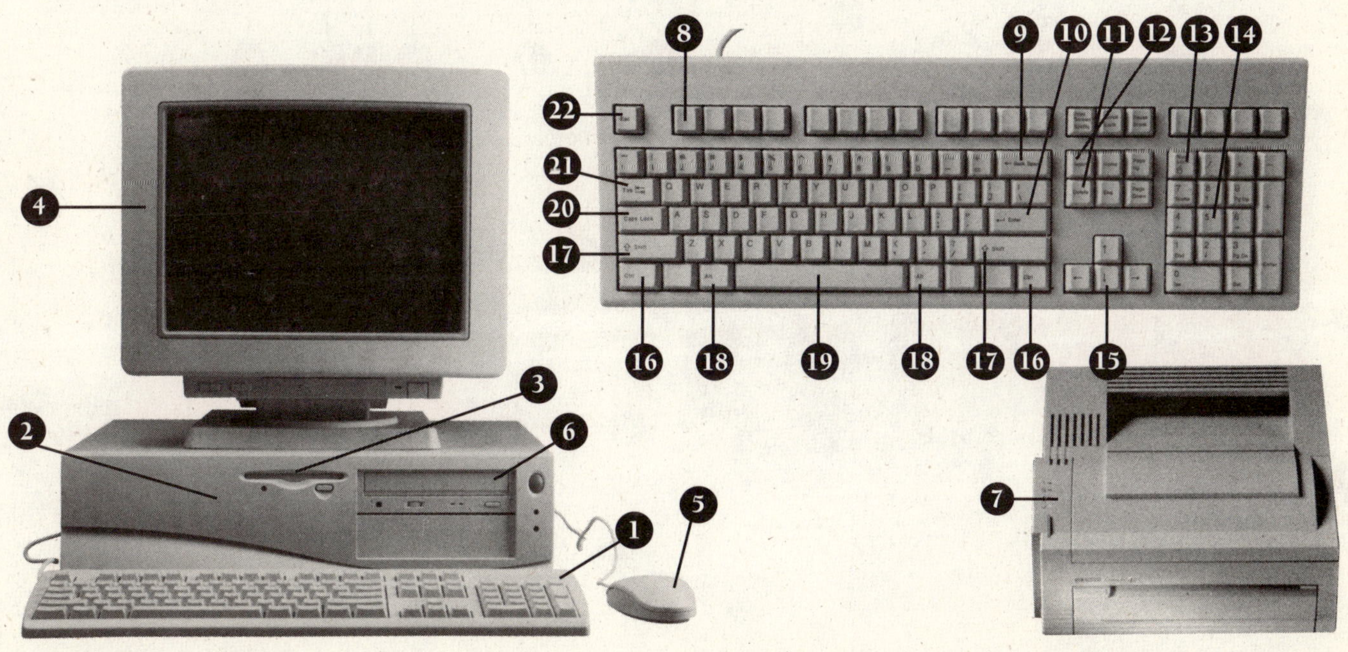

# Macintosh

Las ilustraciones de más abajo muestran los dispositivos más importantes de una computadora Macintosh y la organización de su teclado. El texto siguiente identifica cada dispositivo numerado.

Estos dispositivos se encuentran en casi todas las computadoras, aunque puede variar su ubicación. Si usted usa una computadora Macintosh diferente de la que aparece en la ilustración, para encontrar la ubicación exacta de cada parte fíjese en el manual del usuario.

## Computadora e impresora

1. **Teclado:** ordenamiento de teclas de letra, número, signo, control, función y edición, más un teclado numérico.

2. **Unidad de procesamiento central:** unidad de operación interna o "cerebro" de una computadora.

3. **Unidad de disco:** unidad interna, o externa y conectada a una computadora, que lee la información guardada en discos (magnéticos u ópticos) y la escribe en ellos para almacenarla.

4. **Monitor:** aparato parecido a un televisor que se usa para mostrar la información en una pantalla.

5. **Mouse:** dispositivo que se desliza sobre una almohadilla en una superficie plana para controlar los movimientos del cursor en la pantalla.

6. **Impresora:** unidad conectada a una computadora que imprime texto en papel.

## Teclado

7. **Teclas de función (F):** pulsadas solas o en combinación con otras teclas, desempeñan operaciones específicas de cada programa de computación.

8. **Retroceso (Delete):** borra el carácter de la izquierda del punto de inserción.

9. **Retorno (Return):** hace que el punto de inserción se deslice hacia el margen izquierdo del renglón siguiente.

10. **Suprimir (Del):** borra el carácter en el punto de inserción.

11. **Bloq Num:** conecta y desconecta el teclado numérico.

12. **Teclado numérico:** teclado parecido al de una calculadora, que se usa para ingresar cifras y hacer cálculos.

13. **Teclas de flecha:** mueven el punto de inserción en la dirección indicada por cada flecha.

14. **Control (CTRL):** cuando se pulsa junto con otra tecla, desempeña una operación específica del programa.

15. **Mayús. (Shift):** cuando se pulsa junto con las teclas correspondientes, hace letras mayúsculas y ciertos signos.

16. **⌘Comando (Command):** cuando se pulsa con otra tecla, desempeña un comando específico del programa; alternativa del menú.

17. **Barra espaciadora (Space Bar):** inserta espacio entre palabras y oraciones.

18. **Bloq. Mayús. (Caps Lock):** cuando está activada, hace que todas las letras se escriban en mayúscula.

19. **Tab (Tab):** mueve el punto de inserción a una posición predeterminada.

20. **Escape (ESC):** "sale" de los comandos previos.

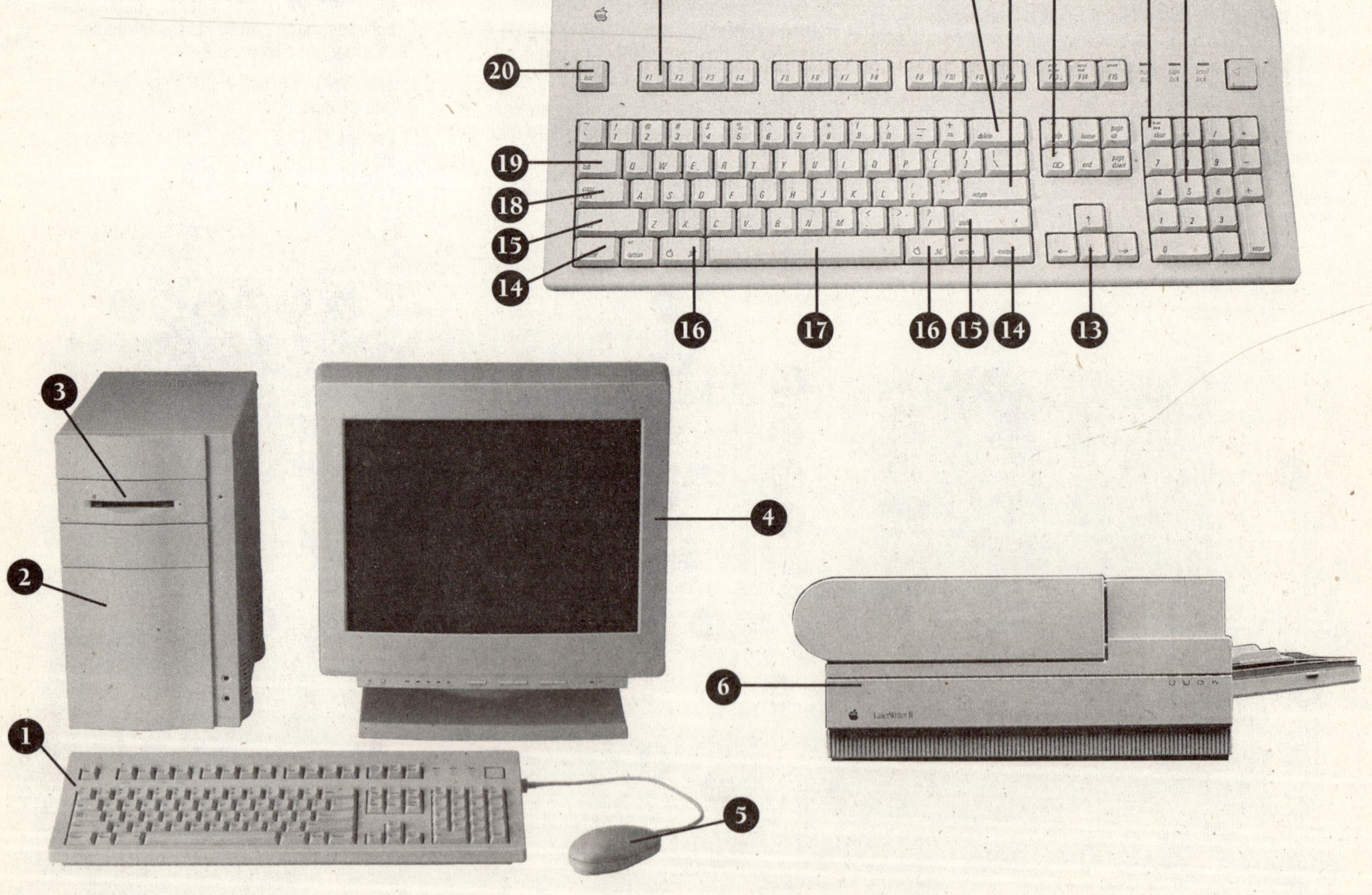

# Glosario

**Abrir** (Open) Presentar un documento en la pantalla después de haberlo guardado en un disco.

**Alineación a la derecha** (Flush Right) Procedimiento por el cual todos los renglones de un texto terminan junto al margen derecho.

**Archivo** (File) Información que se almacena en un disco al que se le asigna un nombre.

**Centrado** (Centering) Ubicación del texto de manera que cada una de sus dos mitades quede ubicada hacia un lado del punto central.

**Correo electrónico** (Electronic Mail) Medio electrónico para enviar información de una computadora a otra.

**Cuadro de diálogo** (Dialog Box) Pequeña ventana con un propósito específico que aparece en la pantalla para que el usuario ingrese información que el programa necesita para realizar una función.

**Desplazar** (Scroll) Hacer lugar para que se vean otras líneas de texto, forzando la primera línea a "desaparecer" por la parte superior de la pantalla.

**Digitar** (Key) Presionar las teclas para escribir o presentar un texto; también se denomina pulsar.

**Directorio** (Directory) Lista de documentos almacenados en un disco.

**Disco** (Disk) Medio magnético que se usa para guardar, almacenar y abrir documentos.

**División de palabras** (Hyphenation) Separación de las palabras en sílabas para lograr un margen derecho uniforme; función automática en la mayoría de los procesadores de textos.

**DOS** (Disk Operating System) Programa de computación que hace funcionar una computadora.

**Escritorio** (Desktop) Superficie de fondo de la pantalla sobre la cual se exhiben las ventanas y los íconos.

**Fuente** (Font) Aspecto de los caracteres impresos; una fuente consiste en el nombre (por ejemplo, Courier), su estilo (por ejemplo, negrita o cursiva) y su tamaño (por ejemplo, 10 puntos).

**Guardar** (Save) Almacenar un documento en un disco con un nombre determinado.

**Ícono** (Icon) Imagen que representa un comando, un programa o un documento.

**Impresora** (Printer) Dispositivo que se conecta con una computadora y que sirve para copiar un documento en papel.

**Imprimir** (Print) Producir (con una impresora de computadora) una copia en papel (soporte papel) de un documento.

**Espaciado** (Line Spacing) Cantidad de renglones en blanco dejados entre los renglones del texto; generalmente se emplean espaciados simples (sin renglones en blanco), dobles (con 1 renglón en blanco) o cuádruples (con 3 renglones en blanco).

**Justificación** (Justification) Función de un programa que permite que el texto se alinee a partir del margen izquierdo o derecho, o que se centre.

**Menú** (Menu) Lista de posibilidades en una pantalla, de entre las cuales se eligen los elementos operativos.

**Modo insertar** (Insert Mode) Permite que se incorpore texto a un documento que ya existe; es el modo por defecto (véase Modo sobreescribir).

**Modo sobreescribir** (Typeover Mode) Permite que se escriba texto nuevo sobre otro que ya existe.

**Por defecto** (Default) Condición predeterminada en los programas de computación y las máquinas de escribir eléctricas para la disposición de los márgenes, el espaciado y las tabulaciones; los usuarios pueden cambiar los parámetros por defecto.

**Programa** (Software) Instrucciones que le dicen qué hacer a una computadora.

**Revisión ortográfica** (Spell Check) Verificación de la ortografía de las palabras de un documento mediante un diccionario incorporado en el programa.

**Sangría** (Indent) Fijación de una tabulación que actúa como margen izquierdo temporario.

**Tabulación** (Tab) Deslizamiento del cursor (o punto de inserción) por el monitor (o papel) hasta un lugar establecido por el usuario o por los parámetros de tabulación por defecto.

**Teclado** (Keyboard) Ordenamiento de teclas en un dispositivo adjunto o incorporado a una computadora o una máquina de escribir.

**Unidad de disco** (Disk Drive) Unidad que alberga un disco.

**Ventana de documento** (Document Window) Superficie de la pantalla sobre la que se escribe el texto.

**Vista** (View) Muestra una página, parte de una página o varias páginas de un documento para que el operador pueda verlo antes de imprimirlo.

*Windows* Programa basado en el DOS, que reemplaza sus comandos con íconos, menús desplegables y cuadros de diálogo emergentes como medios de recibir instrucciones de los usuarios.

# Guía de referencia*

## Guías para las mayúsculas

### Use mayúscula:

1. En la primera palabra de cada oración y en la primera palabra de cada cita textual completa. No use mayúsculas en: *a)* fragmentos de citas textuales; *b)* citas textuales resumidas dentro de una oración.

   She said, "Hard work is necessary for success."
   He stressed the importance of "a sense of values."
   "When all else fails," he said, "follow directions."

2. En la primera palabra después de dos puntos si esa palabra empieza una oración completa.

   Remember this:  Work with good techniques.
   We carry these sizes:  small, medium, and large.

3. En la primera, la última y todas las otras palabras de los encabezamientos, así como de los títulos de libros, artículos, publicaciones periódicas y obras teatrales. No use mayúscula en los artículos, las conjunciones ni las preposiciones de cuatro letras o menos, si no son la primera palabra.

   Century 21 Keyboarding          "How to Buy a House"
   Saturday Review          "The Sound of Music"

4. En los títulos oficiales, cuando preceden a un nombre o cuando se los usa en cualquier otro lugar como signo de distinción.

   President Lincoln          She is the Prime Minister.
   The doctor is in.          He is the class treasurer.

5. En los títulos personales y los nombres de personas y lugares.

   Miss Franks          Dr. Jose F. Ortez          San Diego

6. En todos los sustantivos propios y sus derivados.

   Canada     Canadian Festival     France     French food

7. En los días de la semana, los meses del año, los feriados y los períodos y acontecimientos históricos.

   Sunday          Labor Day          New Year's Day
   June          Middle Ages          Civil War

8. En las regiones, las localidades y los nombres geográficos.

   the North     Upstate New York     Mississippi River

9. En calle, avenida, compañía, etc., cuando se usan con un sustantivo propio.

   Fifth Avenue     Avenue of the Stars     Armour & Co.

10. En los nombres de organizaciones, clubes y edificios.

    Girl Scouts          4-H Club          Carew Tower

11. En los sustantivos que preceden a números, excepto los sustantivos comunes como *renglón, página* y *paso*, que se pueden escribir con o sin mayúscula.

    Style 143     Catalog 6     page 247     step 3

12. En las estaciones del año, *sólo* cuando se las personifica.

    icy fingers of Winter          the soft kiss of Spring

## Guías para los números

### Use palabras para:

1. Los números del uno al diez, excepto cuando se los usa con cantidades superiores a diez, que se escriben con cifras. Nota: en la práctica comercial usual todos los números se escriben con cifras, excepto al comienzo de una oración.

   Was the order for four or eight books?
   Order 8 shorthand books and 15 English books.

2. El número que comienza una oración.

   Fifteen persons are here; 12 are at home sick.

3. El más corto de dos números usados juntos.

   ten 50-gallon drums          350 five-gallon drums

4. Las fracciones aisladas o las cantidades indefinidas de una oración.

   Nearly two-thirds of the students are here.
   About twenty-five people came to the meeting.

5. Los nombres de calles y avenidas con números bajos (diez o menor).

   1020 Sixth Street          Tenth Avenue

### Use cifras para:

1. Las fechas y la hora, excepto en textos especiales.

   May 9, 2002          10:15 a.m.
   ninth of          four o'clock

2. Una serie de fracciones.

   Key 1/2, 1/4, 5/6, and 7 3/4.

3. Los números que siguen a sustantivos.

   Rule 12     page 179     Room 1208     Chapter 15

4. Las medidas, los pesos y las dimensiones.

   6 ft. 9 in. tall     5 lbs. 4 oz.     8 1/2" x 11"

5. Los números con el signo de porcentaje (%), excepto si se trata de cantidades aproximadas. Escriba *por ciento (percent)* en las aproximaciones y en todos los textos formales.

   The rate is 15 1/2%.
   About fifty percent of the work is done.

6. Los números de direcciones, excepto *One*.

   1915 - 42d Street          One Jefferson Avenue

7. Las cantidades de dinero. Las cantidades enteras pueden escribirse sin decimales. Las cifras de un millón o más pueden escribirse como en los ejemplos siguientes.

   $10.75          25 cents          $300
   seven hundred dollars     ($700)          $12 million

# Guías para la puntuación

## Use apóstrofo:

1. Como símbolo para *pies* o *minutos* en formularios y tablas. (Para *segundos* o *pulgadas* pueden usarse las comillas dobles.)

   12' x 16'            3' 54"            8' 6" x 10' 8"

2. Para indicar que se han omitido letras o cifras (como en las contracciones).

   can't            I'll            we're            Spirit of '76

3. Para formar el plural de la mayoría de los números, las letras y las palabras que se usan como palabras y no por su significado, agregue *apóstrofo* y *s.* En las cotizaciones de bolsa, para formar el plural de los números, agregue sólo una s.

   6's            A's            five's            ABC's            Century Fund 4s

4. Para denotar posesión. Agregue *apóstrofo* y *s* a: *a)* un sustantivo singular; *b)* un sustantivo plural no terminado en *s.*

   a man's watch            women's shoes            boy's bicycle

   Agregue *apóstrofo* y *s* a un sustantivo propio de una sílaba terminado en *s.*

   Bess's Cafeteria            James's hat            Jones's bill

   Agregue *sólo apóstrofo* después de: *a)* sustantivo plural terminado en s; *b)* sustantivo propio de más de una sílaba terminado en *s* o *z.*

   boys' camp            Adams' home            Melendez' report

   Agregue *apóstrofo* sólo al último sustantivo de una serie para indicar posesión conjunta de dos o más personas; pero para mostrar posesión separada de dos o más personas, agregue el posesivo a cada uno de los sustantivos.

   Lewis and Clark's expedition
   the manager's and the treasurer's reports

## Use corchetes:

1. Para encerrar ejemplos, explicaciones, etc., que estén dentro de un paréntesis.

   Mail is sorted by scanners (optical character readers [OCR's]) at the post office.

2. Para mostrar que ha alterado algún detalle en una cita textual.

   "To attach oneself to [a] place is to surrender to it, and *suffer with it.*" [Italics added]

## Use dos puntos:

1. Para anunciar una enumeración o una lista.

   These poets are my favorites:  Shelley, Keats, and Frost.

2. Para introducir una pregunta o una cita directa larga.

   This is the question:  Did you study for the test?

3. Entre horas y minutos expresados con cifras.

   10:15 a.m.            12:00            4:30 p.m.

## Use coma (o comas):

1. Después de: *a)* frases o cláusulas introductorias; *b)* palabras de una serie.

   If you plan to be here for the week, try to visit Chicago, St. Louis, and Dallas.

2. Para introducir citas textuales breves.

   She said, "If you try, you can reach your goal."

3. Antes y después de: *a)* palabras que van juntas y se refieren a una misma persona, cosa o idea; *b)* palabras en el vocativo.

   Clarissa, our class president, will give the report.
   I was glad to see you, Terrence, at the meeting.

4. Para separar cláusulas no restrictivas (innecesarias para el sentido de la oración), pero no las cláusulas restrictivas (necesarias para el sentido).

   Your report, which deals with the issue, is great.
   The girl who just left is my sister.

5. Para separar el día del año y la ciudad del estado.

   July 4, 2000                    New Haven, Connecticut

6. Para separar dos o más adjetivos paralelos (que podrían separarse con la palabra "y" en vez de la coma).

   a group of young, old, and middle-aged persons

   No use la coma para separar adjetivos tan íntimamente relacionados con el sustantivo que modifican que parecen formar una unidad con él.

   a dozen large red roses                    a small square box

7. Para separar: *a)* grupos no relacionados de números que aparecen juntos; *b)* números enteros en grupos de tres cifras cada uno (pero los números de *póliza, año, página, cuarto, teléfono* y la mayoría de los *números de serie* se escriben sin coma).

   During 1998, 1,750 cars were insured under Policy 806423.
   page 1042            Room 1184            (213)125-2626

## Use raya:

1. Para enfatizar.

   The icy road—slippery as a fish—was a hazard.

2. Para indicar un cambio de idea.

   We may tour the Orient—but I'm getting ahead of my story.

3. Para presentar el nombre de un autor después de una cita textual.

   "Hitting the wrong key is like hitting me."—Armour

4. Para ciertos propósitos especiales.

   "Well—er—ah," he stammered.
   "Jay, don't get too close to the —."  It was too late.

# Guías para la puntuación (*continuación*)

## Use puntos suspensivos:

1. Para señalar la omisión de una o más palabras dentro o al final de una cita textual.

   "I'd seen something that my teacher . . . could not see."
   "It's as if they're free to speak with their true voice. . . ."

2. Para indicar discurso vacilante.

   Well . . . I mean . . . Who would have thought . . . ?

## Use signo de exclamación:

1. Después de interjecciones enfáticas.

   Wow!          Hey there!          What a day!

2. Después de oraciones evidentemente exclamativas.

   "I won't go!" she said with determination.
   How good it was to see you in New Orleans last week!

## Use guión:

1. Para unir números compuestos, desde *twenty-one* hasta *ninety-nine*, cuando se los escribe como palabras.

   forty-six          fifty-eight          over seventy-six

2. Para unir adjetivos compuestos ante un sustantivo que modifican conjuntamente.

   well-laid plans     six-year period     two-thirds majority

3. Después de cada palabra o número de una serie de palabras o números que modifican al mismo sustantivo (guiones suspendidos).

   first-, second-, and third-class reservations

4. Para deletrear una palabra o un nombre.

   s-e-p-a-r-a-t-e          S-u-s-a-n          G-a-e-l-i-c

5. Para formar ciertos sustantivos compuestos.

   WLW-TV          teacher-counselor          AFL-CIO

## Use paréntesis:

1. Para encerrar material parentético o explicativo e información adicional.

   The amendments (Exhibit A) are enclosed.

2. Para encerrar las letras o los números de orden en las listas.

   Check these factors: (1) period of time, (2) rate of pay, and (3) nature of duties.

3. Para encerrar una abreviación después de la primera aparición de un nombre largo.

   File Form 1096 with the Internal Revenue Service (IRS) by March 1.

## Use signo de interrogación:

Al final de una oración que es una pregunta directa; pero use punto después de un pedido en forma de pregunta.

What day do you plan to leave for Honolulu?
Will you mail this letter for me, please.

## Use comillas dobles:

1. Para encerrar citas textuales.

   He said, "I'll be there at eight o'clock."

2. Para encerrar títulos de artículos y otras partes de publicaciones, poemas breves, títulos de canciones, programas de televisión y obras inéditas, como las tesis o disertaciones.

   "Sesame Street"          "Chicago" by Sandburg
   "Lara's Theme"          "Murder She Wrote"

3. Para encerrar palabras o frases especiales, o palabras inventadas.

   "power up" procedure          "Murphy's Law"

## Use punto y coma:

1. Para separar dos o más cláusulas independientes en una oración compuesta cuando se omite la conjunción.

   Being critical is easy; being constructive is not so easy.

2. Para separar cláusulas independientes cuando están unidas por un adverbio (*however, consequently*, etc.).

   I can go; however, I must get excused.

3. Para separar una serie de frases o cláusulas (especialmente si contienen comas) después de dos puntos.

   These officers were elected:  Lu Ming, President; Lisa Stein, vice president; Juan Ramos, secretary.

4. Delante de expresiones que comienzan una explicación de la cláusula principal.

   She organized her work; for example, putting work to be done in folders of different colors to indicate degrees of urgency.

## Use subrayado:

1. En los títulos de obras completas, como libros, revistas y periódicos. (Estos títulos también pueden escribirse con mayúsculas o en cursiva y sin subrayar.)

   Smoky Night          The New York Times          TV Guide

2. Para dirigir la atención a palabras o frases especiales (también se puede usar *comillas dobles*). Nota: Use subrayado continuo a menos que desee que cada palabra se considere por separado.

   Stop keying when time is up.
   Spell these words:  steel, occur, separate.

# Guías gramaticales básicas

## Use el verbo en singular:

1. Con sujeto singular.

   The weather is clear but cold.

2. Con un pronombre indefinido (*each, any, either, neither, one,* etc.) usado en función de sujeto.

   Each of you is to bring a pen and paper.
   Neither of us is likely to be picked.

3. Con sujetos singulares unidos por *or* o *nor*. Pero si uno de los sujetos es singular y el otro plural, el verbo debe concordar con el sujeto *más cercano*.

   Either Jan or Fred is to make the presentation.
   Neither the principal nor the teachers are here.

4. Con sustantivo colectivo (comité, equipo, clase, jurado, etc.) si el colectivo actúa como una unidad.

   The jury has returned to the courtroom.
   The committee has filed its report.

5. Con los pronombres *all* y *some* (así como con las fracciones y los porcentajes) usados como sujeto, si los modificadores están en singular. Pero si los modificadores están en plural, use el verbo en plural.

   All of the books have been classified.
   Some of the gas is being pumped into the tank.

6. Con la palabra *number* usada como sujeto y precedida de *the*; pero si *number* está precedida de *a*, use el verbo en plural.

   The number of voters has increased this year.
   A number of workers are on vacation

## Use el verbo en plural:

1. Con un sujeto plural.

   The blossoms are losing their petals.

2. Con sujeto compuesto unido por *and*.

   My mother and my father are the same age.

## Formas negativas de los verbos

1. Use el plural *do not* (o la contracción *don't*) cuando emplee como sujeto los pronombres *I, we, you* o *they*, o un sustantivo plural.

   You don't have a leg to stand on in this case.
   The scissors do not cut properly.
   I don't believe that answer is correct.

2. Use el singular *does not* (o la contracción doesn't) cuando emplee como sujeto los pronombres *he, she* o *it*, o un sustantivo singular.

   She doesn't want to attend the meeting.
   It does not seem possible that winter's here.

## Concordancia del pronombre con sus antecedentes

1. Los pronombres (*I, we, you, he, she, it, they,* etc.) deben concordar con sus antecedentes *en la persona*: persona que habla, primera persona; persona a quien se habla, segunda persona; persona de quien se habla, tercera persona.

   We said we would go when we complete our work.
   When you enter, present your invitation.
   All who saw the show found that they were moved.

2. Los pronombres deben concordar con sus antecedentes *en el género*: femenino, masculino y neutro.

   Each of the women has her favorite hobby.
   Adam will wear his favorite sweater.
   The tree lost its leaves early this fall.

3. Los pronombres deben concordar con sus antecedentes *en el número*: singular o plural.

   A verb must agree with its subject.
   Pronouns must agree with their antecedents.
   Brian is to give his recital at 2 p.m.
   Joan and Carla have lost their homework.

4. Cuando el antecedente de un pronombre es un sustantivo colectivo, el pronombre puede ser singular o plural, según el sustantivo actúe individualmente o como unidad.

   The committee met to cast their ballots.
   The class planned its graduation program.

## Pronombres que suelen confundirse porque suenan igual

it's (contracción): it is; it has
its (adjetivo posesivo): forma posesiva de *it*

It's good to see you; it's been a long time.
The puppy wagged its tail in welcome.

their (adjetivo posesivo): forma posesiva de *they*
there (adverbio/pronombre): en ese lugar
they're (contracción): they are

The hikers all wore their parkas.
Will he be there during our presentation?
They're likely to be late because of the snow.

who's (contracción): who is; who has
whose (pronombre): forma posesiva de *who*

Who's been to the movie? Who's going now?
I chose the one whose skills are best.

# Organización de documentos (archivos/files) en Windows®

Establecer un sistema de organización de archivos lógico y sencillo lo ayudará a ordenar los documentos de manera eficiente, y a encontrarlos rápida y fácilmente. Usted puede organizar sus archivos en el escritorio o en el programa diseñado para ello, *Windows Explorer* (Explorador de Windows). Esta función puede ser algo diferente en su computadora, según cuál sea su versión de *Windows®* y su disposición.

## PONER NOMBRE A DOCUMENTOS Y CARPETAS

Una buena organización de archivos empieza por dar a sus documentos y carpetas un nombre que sea lógico, relevante y fácil de entender. Por ejemplo, podría crear una carpeta para sus tareas de inglés que se llame *English*. En esta carpeta podría tener un diario donde agregar lo de cada día (de nombre *Journal*); composiciones mensuales (por ej.: *Comp10-00, Comp3-01*) y ensayos ocasionales (como *EssaySports* o *EssayEthics*). Un sistema como éste hará simple la búsqueda de documentos.

## ENTENDER EL SISTEMA DE ARCHIVOS

Para ver cómo están organizados los documentos y las carpetas en su computadora, puede usar *Windows Explorer**. *Windows Explorer* muestra los documentos y las carpetas en un orden **jerárquico**, con forma de **árbol**. En la cima está el Desktop (Escritorio). El Desktop contiene todos los elementos que aparecen en el escritorio de su computadora. El primer elemento del Desktop, My Computer (Mi PC), contiene los archivos y carpetas de la computadora organizados por unidades de disco.

### Ejercicio 1: Recorra el sistema de archivos

1. Haga clic en el botón *Start* (Inicio). Señale *Programs* (Programas) —luego *Accesories* (Accesorios), si tiene el sistema operativo *Windows® 2000*— y haga otro clic en *Windows Explorer*.

2. Para desplegar debajo de una unidad de disco o una carpeta la lista de todas las carpetas que contiene, haga click en el signo más que está junto a ella. Para cerrar la carpeta, haga clic en el signo menos.

3. Elija una de las carpetas que aparecen en el panel izquierdo, haga clic en ella (ícono o nombre). Se desplegará todo su contenido (documentos y/o carpetas) en el panel derecho.

4. Elija una de las carpetas que tienen el signo más, haga doble clic en ella (ícono o nombre, no en el signo más). Una lista de todas las carpetas que contiene aparecerá debajo, y todo su contenido (documentos y/o carpetas) se desplegará en el panel derecho.

5. Practique los pasos 2 a 4 con otras carpetas.

Para encontrar un documento o una carpeta, no necesita estar en *Windows Explorer*. Puede usar el ícono My Computer del escritorio, la opción Find (Buscar) del menú Start o el cuadro Address (si se encuentra disponible) de la ventana de una unidad de disco o una carpeta.

## CREAR CARPETAS

Para guardar los archivos, va a querer crear carpetas. Puede hacerlo usando *Windows Explorer* o el escritorio. Además de poner documentos dentro de las carpetas, si lo necesita, puede crear subcarpetas dentro de ellas.

- En *Windows Explorer*, haga clic en la unidad de disco o la carpeta que contendrá la carpeta nueva, haga clic en el menú *File* (Archivo), señale *New* (Nuevo) y haga clic en *Folder* (Carpeta).

- En el escritorio, haga doble clic en la unidad de disco o la carpeta que contendrá la carpeta nueva (si la unidad de disco o la carpeta no está en el escritorio, puede acceder a ella haciendo doble clic en *My Computer*). En la ventana que se abre, haga clic en el menú *File*, señale *New* y haga clic en *Folder*. Para crear una carpeta en el escritorio mismo, haga clic en el botón derecho en una zona en blanco del escritorio, señale *New* y haga clic en *Folder*.

## Ejercicio 2: Cree carpetas

1. En el panel izquierdo de *Windows Explorer,* haga clic en *Desktop* (es posible que necesite desplazarse un poco para encontrarlo).

2. Haga clic en el menú *File,* señale *New* y haga clic en *Folder.* En ambos paneles de la pantalla aparecerá una carpeta nueva llamada *New Folder.* El nombre del panel derecho estará resaltado.

3. Escriba el nombre de la carpeta (**Century21**) y presione ENTER.

4. Minimice *Windows Explorer* (haga clic en el signo menos en el ángulo superior derecho de la pantalla). Haga clic en el botón derecho en una zona en blanco del escritorio, señale New y haga clic en Folder.

5. Escriba el nombre de la carpeta (**Compositions**) y presione ENTER.

## CAMBIAR EL NOMBRE A DOCUMENTOS Y CARPETAS

Puede cambiar el nombre de un documento o una carpeta de una de estas maneras.

- En *Windows Explorer* o en la pantalla que se abre haciendo doble clic en la unidad de disco o la carpeta, haga clic en el documento o la carpeta, elija *Rename* (Cambiar nombre) en el menú *File,* escriba el nuevo nombre y presione ENTER.

- En el documento o la carpeta, haga clic con el botón derecho, elija *Rename,* escriba el nuevo nombre y presione ENTER.

En un archivo de nombre *Lesson1.wpd,* la **extensión** *wpd* indica que se trata de un documento de *Corel® WordPerfect®.* Cuando cambie el nombre a un documento, asegúrese de incluir la extensión que su programa reconozca, de lo contrario es posible que después no pueda abrir el documento.

## Ejercicio 3: Cambie el nombre a las carpetas

1. Haga clic con el botón derecho en la carpeta *Century21* del escritorio, elija *Rename,* escriba **Keyboarding** y presione ENTER.

2. Haga clic en el botón *Exploring* (Explorar) de la barra de tareas para acceder a *Windows Explorer.* Si es necesario, haga clic en la carpeta *Composition.* Elija *Rename* en el menú File, escriba **English** y presione ENTER.

## MOVER Y COPIAR DOCUMENTOS Y CARPETAS

Puede mover o copiar documentos o carpetas en *Windows Explorer* o en el escritorio.

- Para mover un documento o una carpeta, arrástrela hasta su nueva ubicación.

- Para copiar un documento o una carpeta, mantenga presionada la tecla CTRL mientras la arrastra. El ícono del puntero incluirá un signo más para indicar que está copiando.

Arrastre el documento o la carpeta encima de la unidad de disco o carpeta de destino. Sabrá que está haciendo lo correcto si la unidad de disco o la carpeta de destino se oscurece, igual que ocurre cuando se hace clic en ella. Si está moviendo o copiando elementos desde una unidad de disco o carpeta a la ventana abierta (como lo hará en el Ejercicio 5), arrástrelos hasta cualquier lugar dentro de la ventana.

Cuando esté moviendo o copiando documentos o carpetas, puede ahorrarle tiempo seleccionar (hacer clic en) varios elementos a la vez.

- Para seleccionar elementos consecutivos, haga clic en el primero, mantenga presionada la tecla SHIFT y haga clic en el último elemento.

- Para seleccionar elementos que no estén ubicados consecutivamente, mantenga presionada la tecla CTRL mientras hace clic en cada uno de ellos.

## Ejercicio 4: Copie documentos

1. En el panel izquierdo de *Windows Explorer*, busque y haga clic en la unidad de disco o carpeta desde la que recuperará archivos de datos para este tema. Los archivos se desplegarán sobre el panel derecho.

2. De ser necesario, desplácese sobre el panel izquierdo hasta que pueda ver la carpeta *English.*

3. Mantenga presionada la tecla CTRL y arrastre uno de los documentos hacia la carpeta *English.*

4. Elija un bloque de documentos para copiar, seleccione el primero y mantenga presionada la tecla SHIFT mientras selecciona el último. Mantenga presionada la tecla CTRL y arrastre los documentos a la carpeta *English.*

5. Seleccione varios documentos separados para copiar presionando CTRL a medida que hace clic en cada uno. Mantenga presionada la tecla CTRL y arrastre los documentos a la carpeta *English.*

6. Cierre *Windows Explorer* (haga clic sobre la *X* del ángulo superior derecho de la pantalla).

¡Ay! Pusimos archivos de digitación en la carpeta *English.* Ahora vamos a usar el escritorio para moverlos a la carpeta *Keyboarding.*

## Ejercicio 5: Mueva documentos

1. Haga doble clic en la carpeta *English* del escritorio para abrir la ventana *English*. Si es necesario, mueva la ventana (arrástrela por su barra título) de modo que pueda ver la carpeta *Keyboarding* en el escritorio.

2. Arrastre el primer documento de la ventana *English* a la carpeta *Keyboarding*.

3. Haga doble clic en la carpeta *Keyboarding* del escritorio para abrir la ventana *Keyboarding*. Necesita poder ver toda la ventana *English* y por lo menos una parte de la ventana *Keyboarding*. Si no puede, mueva las ventanas hasta que lo logre.

4. Si la ventana *English* tiene la barra título gris, selecciónela para transformarla en la **ventana activa** (la ventana en la cual puede trabajar).

5. Seleccione un grupo de documentos de la ventana *English* y muévalos a cualquier lugar dentro de la ventana *Keyboarding*. Continúe hasta mover todos los documentos. No se preocupe si quedan desordenados, los va a organizar en el próximo ejercicio.

6. Cierre la ventana *English*.

## ORGANIZAR ARCHIVOS Y OBTENER INFORMACIÓN

Usted puede ordenar los íconos de una ventana por nombre, tipo, tamaño o fecha. Puede también obtener información acerca de los archivos, como el tamaño y la fecha en que fue modificado por última vez. En el Ejercicio 6 usted organizará las carpetas de archivos de la ventana *Keyborading* y luego verá detalles de esos archivos.

## Ejercicio 6: Organice archivos y obtenga información

1. En la ventana *Keyboarding* haga clic en el menú *View* (Vista), señale *Arrange Icons* (Organizar íconos) y seleccione by *Name* (por Nombre).

2. Sin tener ningún archivo seleccionado, note (entre la ventana y la barra de tareas) cuántos archivos contiene la ventana *Keyboarding* y el tamaño total de ellos.

3. Seleccione un archivo. ¿Qué le dice la ventana acerca de él? ¿Qué le dice acerca de un grupo de archivos seleccionados?

4. Seleccione *Details* (Detalles) en el menú *View*. Si lo necesita, desplácese para ver la información que se proporciona.

5. Haga clic en el menú *View*, señale *Arrange Icons* y elija by *Date* (por Fecha). ¿Cuándo podría ser útil esta vista?

## ELIMINAR DOCUMENTOS Y CARPETAS

Usted puede seleccionar y eliminar varios documentos y carpetas a la vez, de la misma manera en que seleccionó varios elementos para moverlos o copiarlos. Si elimina una carpeta, automáticamente eliminará todos los documentos y subcarpetas que ella contenga. Las siguientes son dos formas de eliminar un documento o una carpeta.

- En *Windows Explorer* o en la ventana de una unidad de disco o carpeta, seleccione el documento o carpeta y elija *Delete* (Eliminar) en el menú File. Responda *Yes* a la pregunta sobre enviar el elemento a la Papelera de reciclaje (*Recycle Bin*).

- Haga clic con el botón derecho en el documento o la carpeta y elija *Delete*. Responda *Yes* a la pregunta sobre enviar el elemento a la Papelera de reciclaje.

## Ejercicio 7: Elimine archivos

1. En la ventana *Keyboarding*, haga clic en un archivo con el botón derecho, elija *Delete* y responda *Yes* para enviar el archivo a la Papelera de reciclaje.

2. Seleccione varios archivos en la ventana *Keyboarding*, elija *Delete* en el menú File y responda *Yes* para enviar los archivos a la Papelera de reciclaje.

## RESTAURAR DOCUMENTOS Y CARPETAS ELIMINADOS

Suponga que hubo un archivo que no quería eliminar de la ventana *Keyboarding*. Cuando usted elimina un documento o una carpeta, el elemento va a la Papelera de reciclaje. Usted puede restaurar los documentos y las carpetas que estén en la Papelera de reciclaje.

## Ejercicio 8: Restaure un archivo eliminado

1. Minimice la ventana *Keyboarding*. Haga doble clic en el ícono Papelera de reciclaje del escritorio para abrir la ventana *Recycle Bin*.

2. Seleccione uno de los archivos que acaba de eliminar y haga clic en *Restore* (para ver la opción Restore, es posible que necesite desplazarse hacia abajo en el panel izquierdo); o seleccione *Restore* en el menú File, según qué versión del sistema operativo de *Windows*® tenga.

3. Cierre la ventana *Recycle Bin*. Haga clic en el botón *Keyboarding* de la barra de tareas para abrir la ventana *Keyboarding*. Deberá contener el archivo que acaba de restaurar.

4. Cierre la ventana *Keyboarding* y elimine las carpetas *Keyboarding* e *English* de su escritorio.

# Apéndice A
# Aplicaciones de procesamiento de textos

## Actividad 1
### Centrar

1. Lea el texto de la derecha.
2. Busque las funciones o los botones de Justificación (Justification) de su procesador de textos.
3. Escriba los 6 renglones de la derecha a DE de manera que queden centrados horizontalmente.

 Utilice esta función para el encabezamiento principal de un informe (pág. A 7).

**Justification** se refiere a la posición horizontal de un renglón de texto. Para centrar uno o más renglones de texto entre los márgenes izquierdo y derecho, use la función **Center**.

Conservation Laws

Newton's Law of Gravity

Relativity and the Nuclear Age

The Solar System

Elements, Compounds, and States of Matter

The Atmosphere and Meteorology

---

## Actividad 2
### Borrar

1. Lea el texto de la derecha.
2. Aprenda a borrar texto con su procesador de textos.
3. Escriba el ¶ de la derecha a DE; mientras escribe, subraye el texto como se indica.
4. Usando el método más eficaz, borre todo texto subrayado.
5. Para ajustar el espaciado, haga las correcciones necesarias.

Las teclas **delete** o **backspace** se usan para corregir errores simples de digitación. Para borrar una palabra o una frase, en cambio, es más rápido usar una combinación de teclas y el mouse. Por ejemplo, en algunos procesadores de textos se puede borrar una palabra (a la izquierda del punto de inserción) pulsando **Ctrl + Backspace** y un grupo de palabras (a la derecha del punto de inserción) pulsando **Ctrl + Delete**.

John Homer, Naomi Kerrit, Paul Desmond, and Kay Ford were selected by the five geology faculty members to make a short multimedia presentation at the upcoming Delaware Valley Geological Society meeting on January 5 at the Harris Hotel in Clarks Summit.  They will fly into Philadelphia from Columbus.

---

## Actividad 3
### Deshacer y Restaurar

1. Lea el texto de la derecha.
2. Aprenda a usar las funciones Undelete y Undo de su procesador de textos.
3. Escriba el ¶ de la derecha a DE usando negrita donde se indica.
4. Lea el ¶ que digitó; luego haga Undelete y Undo como se indica.

 Los ¶ de practica para las actividades 3, 5, 6 y 11 aparecen traducidos debajo.

Use la función o el botón **Undo** para revertir el último cambio realizado. (Algunos procesadores de textos sólo restauran el cambio más reciente.) Undo vuelve a colocar el texto en su posición original, aun si el punto de inserción se ha movido a otro sitio. Use **Undelete**, función que se incluye en algunos procesadores de textos, para volver a incluir un texto borrado en el punto de inserción. Esta función suele permitir que se recupere cualquiera de los tres últimos textos borrados.

After keying **this** paragraph, delete **the** bolded words and restore them at their original place.  Now:  If your **wp** software has an Undelete feature, delete the words Now and Next (delete : too).  Next:  Restore the word Now (with :) at the beginning of the paragraph and the word Next before the last sentence.  Correct spacing between sentences and after colons.

*Después de escribir **este** párrafo borre **las** palabras en negrita y restáurelas. Si tiene la función Undelete, borre las palabras Now, Next y los dos puntos (:). Luego restaure la palabra Now (y los :) al comienzo del párrafo y Next antes de la última oración. Corrija el espaciado entre oraciones y después de los :.*

## Actividad 4
### Seleccionar

1. Lea el texto de la derecha.
2. Aprenda a seleccionar texto con su procesador de textos. Busque también las funciones o los botones de Negrita (Bold) y Cursiva (Italics) junto al botón de Subrayado (Underline).
3. Escriba los 6 renglones.
4. Siga las instrucciones del final de cada renglón; use la función Block.

Use la función **Block** para elegir un bloque de texto y poder realizar diversas operaciones con él. Ese bloque se seleccionará si hace clic o desliza el mouse sobre el texto para destacarlo. Una vez seleccionado, se lo podrá pasar a negrita o cursiva, subrayar, borrar, centrar, copiar, mover, imprimir, guardar, etc.

1. The office of Best & Jones will be relocated soon.  (Negrita en **Best & Jones**)

2. Mary and Jane confused there and their in the report. (Cursiva en *and*; subrayado en <u>there</u>, <u>their</u>)

3. Twelve computers and five printers arrived yesterday.  (Negrita en **computers**, **printers**)

4. The students just started reading A Man for All Seasons. (Subrayado en el título del libro)

5. Death of a Salesman was written by Arthur Miller.  (Cursiva en el título de la obra)

6. Tom and Mary saw the parade and then went to the circus. (Borre las seis últimas palabras, centre el renglón)

## Actividad 5
### Copiar y Mover

1. Lea el texto de la derecha.
2. Aprenda a copiar y mover texto con su procesador de textos.
3. Escriba los cuatro ¶ como se indica a la derecha.
4. Copie el primer ¶ y colóquelo como el quinto ¶.
5. Mueva el segundo ¶ para que quede en cuarto lugar; mueva el que ahora está como tercer ¶ para que quede en el lugar del segundo.
6. Haga las correcciones necesarias para que los ¶ queden a ES, con DE entre los ¶ y sin sangría.

Después de haber seleccionado texto, puede usar las funciones de Cortar y Pegar (Cut and Paste) o Copiar (Copy). **Cut** elimina lo seleccionado de un lugar y **Paste** lo coloca en otro sitio. La función o el botón de **Copy** duplica (copia) el texto seleccionado. Paste lo coloca en otra posición pero deja intacto el original.

The Move feature is commonly called "cut and paste," and the Copy feature is often called "copy and paste."

The Block feature is used in the move and copy commands in the same way it is used to bold, italicize, underline, center, or delete text.

Most word processing software has button bars that can be used to cut, copy, and paste text quickly.

The text will be moved or copied to the insertion point that is selected when the "paste" command is executed.

*La función Move se suele llamar "cortar y pegar", y la función Copy, "copiar y pegar". La función Block se usa en los comandos de Move y Copy de la misma manera en que se usa para pasar un texto a negrita o cursiva, subrayarlo, centrarlo o borrarlo. Casi todos los procesadores de textos tienen barras de botones para cortar, copiar y pegar textos con rapidez. Cuando ejecute el comando "paste", el texto se trasladará al punto de inserción elegido.*

## Actividad 6
### Centrar página

1. Lea el texto de la derecha.
2. Aprenda a centrar texto de manera vertical con su procesador de textos.
3. Abra un archivo nuevo (File menu, New). Fije los márgenes laterales a 2" (véase la pág. xv).
4. Use la función Center Page.
5. Escriba los ¶ de la derecha a DE.
6. Mantenga este texto en la pantalla y continúe con la Actividad 7.

Use esta función en las cartas comerciales (pág. A 6) en vez de espaciar 2" hacia abajo para digitar el renglón del lugar y la fecha.

Si una página no está completa, use la función **Center Page** para centrar los renglones de texto entre los márgenes superior e inferior. Esta función deja una cantidad igual (o casi igual) de espacio en blanco encima y debajo del texto.

A word processor is an excellent tool that can help you demonstrate your best writing skills.  When you use a word processor to write papers for school, your final draft is likely to reflect your best effort.

The ease with which you can add, delete, and cut and paste copy with word processors encourages you to write a series of drafts until you know you have done your best.

The use of the word processor's spell checker, thesaurus, and grammar checker will "help" you to identify spelling, grammar, and punctuation errors; find and use the correct word; and identify style flaws.

*Un procesador de textos ayuda a demostrar las habilidades de escritura. Si se lo usa para las tareas escolares, es probable que el trabajo final sea fiel reflejo del esfuerzo realizado. La facilidad con que se pueden agregar, borrar, cortar y copiar textos con los procesadores favorece la producción de borradores hasta sentirse satisfecho con el resultado. Los correctores ortográfico y gramatical y el diccionario de sinónimos "ayudan a encontrar errores ortográficos, gramaticales y de puntuación; a buscar la palabra correcta y usarla; y a descubrir problemas de estilo.*

## Actividad 7
### Corrector

1. Lea el texto de la derecha.
2. Aprenda a usar el Speller de su procesador de textos.
3. Use el Speller para revisar el texto que copió en la Actividad 6. Corrija las palabras incorrectas o elija algunas de las que sugiere el corrector ortográfico (Speller).
4. Después de usar el Speller, revise el texto. Corrija los errores que encuentre. (Mantenga el texto en la pantalla.)

Use el Speller en todos los documentos que escriba y, a continuación, revíselos para ver si hay otros errores.

Use el **Speller** o corrector ortográfico para buscar faltas de ortografía en palabras, documentos o partes de documentos. El Speller revisa un documento comparando cada una de sus palabras con las que tiene en su diccionario. Si encuentra una palabra que no es idéntica a una de su diccionario, la muestra en un cuadro de diálogo. Por lo común, el Speller muestra también las palabras que "cree" que son correcciones posibles para reemplazar la palabra que señala. Cuando el Speller muestra una palabra, usted puede elegir una de las siguientes acciones:

1. Mantener la ortografía de la palabra como está escrita en el cuadro de diálogo y agregarla al diccionario del Speller.
2. Reemplazar la palabra mal escrita por una correcta sugerida por el Speller.
3. Si el Speller no sugiere ningún reemplazo, hacer las correcciones necesarias para cambiar la palabra mal escrita.

Los Spellers suelen usar procedimientos similares para revisar las palabras repetidas y/o las mayúsculas irregulares.

---

## Actividad 8
### Vista Previa

1. Lea el texto de la derecha.
2. Aprenda a hacer View en un documento con su procesador de textos.
3. Haga View en el documento de la Actividad 7 para ver cómo quedará impreso.

Antes de imprimir un documento, siempre es conveniente ver cómo quedará. La mayoría de los procesadores de textos tienen una función de **View** (o **Preview**) que permite hacer esto. Por lo tanto, no es necesario desperdiciar tiempo y papel imprimiendo un documento poco atractivo. El modo View (o Preview) muestra las páginas reducidas. En algunos programas, es posible corregir el documento en este modo. Si es necesario, para ver mejor el documento y agrandar alguna de sus partes, se puede usar la función "zoom",

---

## Actividad 9
### Alineado a la derecha

1. Lea el texto de la derecha.
2. Busque la función o el botón de Flush Right en su procesador de textos (cerca de la función Center o en combinación con ella).
3. Escriba su nombre de modo que quede justificado a la derecha.
4. Escriba los renglones de los puntos 1 a 3 de la derecha.

La función Flush Right se puede usar para colocar el número de página en el margen derecho de un informe (pág. A 8).

Use el botón o la función **Flush Right** cuando quiera que un renglón (o una parte de un renglón) termine alineado en el margen derecho. Flush Right se puede activar antes o después de escribir el texto. Si se activa antes de escribir, el texto parecerá "retroceder" desde el margen derecho mientras se escribe.

1. Use Flush Right; luego escriba cada renglón.

**This line is keyed with Flush Right activated.**
**This line uses Flush Right so that it ends at the right.**

2. Escriba cada renglón en el margen izquierdo como se muestra, seleccione los cuatro renglones y use Flush Right para alinearlos en el margen derecho.

**Massey Hall**
**Room 315**
**Phone: (715) 167-8045**
**Fax: (715) 167-8145**

3. Escriba los dos renglones (empiece en el margen izquierdo); use Flush Right para el ZIP + 4.

**375 Baker Street, Jamestown, New York 14701-7598**
**960 Pembroke Street, New Rochelle, New York 10801-3127**

# Actividad 10
## Fecha

1. Lea el texto de la derecha.
2. Aprenda las funciones de Texto de fecha (Date Text) y Código de fecha (Date Code) de su procesador de textos.
3. Escriba los renglones de la derecha usando las funciones Date Text y Date Code como se indica.

La fecha de hoy se puede insertar en un documento usando la función **Date Text**. La función **Date Code** sirve para lo mismo, pero cada vez que se abre o imprime el documento, la función reemplaza la fecha previa por la actual. Para que la fecha sea correcta, el día y la hora de su computadora deben estar actualizados.

<Texto de fecha>

Mr. Jason Winchell
428 North 500 West
Salt Lake City, UT 84103-8321

<Código de fecha>

Ms. Rochelle Wilson
351 Parkwood Cir.
Anderson, SC 29621-8256

---

# Actividad 11
## Guión

1. Lea el texto de la derecha.
2. Aprenda a usar la función Hyphenation.
3. Escriba el texto de la derecha con la función Hyphenation desactivada.
4. Repita el texto con la función Hyphenation activada.

Revise la ortografía usando la función Speller. Corrija o reemplace las palabras que contienen errores.

La función Automatic Hyphenation divide las palabras que normalmente pasarían al renglón siguiente. Esto da al margen derecho del documento un aspecto más atractivo.

A very useful feature in most of today's best word processing software packages is the feature that automatically hyphenates long words at the right margin.  This feature will automatically divide such words rather than wrap them to the next line.  By dividing these words automatically, the hyphenation feature makes the right margin less "ragged."

*Una función muy útil en la mayoría de los procesadores de textos es la que, al final de un renglón, separa las palabras en sílabas automáticamente. Esta función divide las palabras en vez de enviarlas enteras al renglón siguiente. Así, el margen derecho de la página no parece "desflecado".*

---

# Actividad 12
## Desplazamiento

1. Lea el texto de la derecha.
2. Aprenda a mover el punto de inserción usando **Home, End, PgUp, PgDn** y **Home (Ctrl) + tecla de flecha** *o* + combinaciones de **teclas de flecha.**
3. Escriba la oración 1. Usando las teclas de flecha, corríjala como se enseña en las oraciones 2, 3 y 4.

Las teclas **Home, End, PgUp** y **PgDn** sirven para mover el punto de inserción rápidamente de un lugar a otro de un documento. La tecla **Home** o **Ctrl** también se puede usar, en combinación con las teclas de flecha, para mover el punto de inserción con rapidez.

1. Escriba lo siguiente.

*Ellen will be in New York on Monday.*

2. Usando las teclas de flecha, haga los cambios siguientes.

*Castino*   *Albany,*   *, June 25*
Ellen will be in New York on Monday.

3. Usando las teclas de flecha, haga estos cambios adicionales.

*Ms.*   *, the manager,*   *Tuesday,*
Ellen Castino will be in Albany, New York, on Monday, June 26.

4. Haga estos cambios.

*J.*   *new*
Ms. Ellen Castino, the manager, will be in Albany, New York,
on Tuesday, June 26, *from 11 a.m. to 3 p.m.*

TO: **Tab** **Tab** Faculty and Staff          **2" (renglón 13)**

**DS (2 retornos forzados)**

FROM:  **Tab** Lenore M. Fielding, Principal

**DE**

DATE:  **Tab** (Fecha de hoy)

**DE**

SUBJECT:**Tab** STANDARD MEMO FORMAT

**DE**

At a recent meeting, department heads recommended that memos be
processed on plain paper instead of preprinted forms.  This
recommendation is a cost-cutting measure that requires only a
little more effort on the part of the keyboard operator.

**DE**

The customary standard margins are used: 2" top margin; default
(near 1") side margins; at least a 1" bottom margin.

**DE**

Standard double spacing separates memo parts, including para-
graphs, which are individually single-spaced.  If someone other
than the writer keys the memo, that person's initials should be
keyed at the left margin a double space below the message.  If an
attachment or enclosure is included, <u>Attachment</u> or <u>Enclosure</u>
should be keyed at the left margin a double space below the
message or the keyboard operator's initials (if any).

**DE**

Headings begin at left margin.  After TO: tab twice to key the
name; after FROM: tab once to key the name; after DATE: tab
once to key the date; after SUBJECT: space twice (or tab once)
to enter the subject (may be keyed in ALL CAPS or C/lc--Cap and
lowercase).

**DE**

Please use this format for several days; then let me know if you
experienced any difficulties.

**DE**

tbh

**Memo estándar**

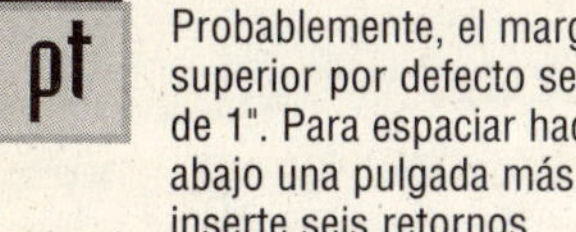

Probablemente, el margen superior por defecto sea de 1". Para espaciar hacia abajo una pulgada más, inserte seis retornos forzados.

### Sugerencias:

- Para fechar el memo, use la función Date (Actividad 10).
- Mientras escribe el memo, si las necesita, use las funciones Delete (Actividad 2) y Undelete/Undo (Actividad 3).
- Use el Speller (Actividad 7). Corrija o reemplace las palabras equivocadas.
- Revise (en pantalla). Para desplazar el punto de inserción hasta cada error, use la función Scrolling (Actividad 12).
- Al comenzar la página, active Hyphenation (Actividad 11).
- Para ver cómo quedará el documento en el papel, use la función View (Actividad 8).

Fecha — (Fecha de hoy)  2" o use Center Page

**CE (4 retornos forzados)**

Destinatario — Mr. Julio M. Basanez, Manager
La Paloma Restaurant
224 Saint Louis St.
Baton Rouge, LA 77802-3615

**DE**

Tratamiento inicial — Dear Julio

**DE**

Cuerpo — Your piquant black bean soup drew me back to the La Paloma yesterday.  We were taken promptly to our table, but we waited over ten
minutes before menus were presented.

**DE**

Several times I provided clues to the server that I was hosting the
luncheon.  Without noting these clues or asking who should receive
the check, the server gave it to the man across from me.  Had the
check been placed upside down in the middle of the table, my client
wouldn't have been "put on the spot."

**DE**

Several times a week someone from my company entertains clients at
La Paloma Restaurant.  Will you talk with your staff about greeting
diners promptly and about handling checks properly.  But please,
Julio, don't disturb the chef!

**DE**

Saludo final — Cordially

**CE (4 retornos forzados)**

*Mrs. Luanne Chang*

Autor — Mrs. Luanne Chang, President

**DE**

Iniciales de referencia — mt

> **Como operador del teclado, escriba sus iniciales aquí.**

> **Véanse Sugerencias, pág. A 5**

**Carta comercial con párrafos en bloque.**

COMPUTER APPLICATIONS

Título                                                                    CE (2 DE)

        Learning to key is of little value unless one applies it in
preparing a useful document--a letter, a report, and so on.  Three
/Cuerpo del informe
basic kinds of software (applications) are available to assist
those with keying skill in applying that skill electronically.
                                                                              DE
Word Processing Software
Encabezamiento lateral
                                DE
        Word processing software is specifically designed to assist in
the document preparation needs of individuals or businesses.  Word
processing software permits the user to "create, edit, format,
store, and print documents."  (Fulton and Hanks, 1996, 152)  The
Cita textual
software can be used to process a wide variety of documents such as
memos, letters, reports, and tables.

        This software has editing and formatting features that reduce
time and effort.  It permits easy error detection and correction;
merging of text with variables in another document or even another
application (for example, database software); and graphic design of
pages.  These features increase efficiency while enhancing the
appearance of documents.
                                DE
Database Software
Encabezamiento lateral
                                DE
        A database is any collection of related items stored in com-
puter memory.  The data in a database may be about club members,
employee payroll, company sales, and so on.  Database software
allows the user to enter data, sort it, retrieve and change it,
or select certain data (such as an address) for use in word pro-
Cita textual
cessing documents.  (Tilton, et al, 1996, 112-113)

**Informe sin encuadernar con citas textuales**                **Mínimo 1"**

*(continúa en página siguiente)*

Spreadsheet Software

A spreadsheet is an electronic worksheet made up of columns and rows of data.  Spreadsheet software allows the user to "create, calculate, edit, retrieve, modify, and print graphs, charts, reports, and spreadsheets" necessary for current business operations and in planning for the future.  (Fulton and Hanks, 1996, 156)

A review of newspaper advertisements shows the skills that employers expect for most jobs:  competent use of word processing and spreadsheet software and familiarity with database applications.

CE (2 DE)

REFERENCES
CE

Fulton, Patsy, J., and Joanna D. Hanks.  Procedures for the Office Professional.  3d ed.  Cincinnati:  South-Western Publishing Co., 1996.
DE
Tilton, Rita S., et al.  The Electronic Office:  Procedures & Administration.  11th ed.  Cincinnati:  South-Western Publishing Co., 1996.

**Informe sin encuadernar con citas textuales, pág. 2**